JN071789

ヘボン博士の愛した日本

Hebon hakase no aishita Nihon

杉田幸子

もくじ

第五章　晩年のヘボン

カバー・本文・イラストとも杉田幸子

はじめに

現在、地球上の総人口約六十数億人のうち三分の一はキリスト教徒と言われ、聖典として、「世界のベストセラー」「書物の中の書物」と呼ばれる聖書を用いています。

聖書には旧約聖書と新約聖書が入っていて、はじめはそれぞれヘブル語とギリシャ語で書かれていました。今では世界で最も多くの種類の言語に訳された本となり、日本人は日本語の聖書を読むことができます。

二千ページを越える聖書を日本語に翻訳するとなると、聖書そのものに精通していなければならないのはもちろんのこと、ヘブル語、ギリシャ語、ラテン語、日本語などの語学の知識、それに大変な時間と労力と忍耐が必要なことは言うまでもありません。

英和辞書も和英辞書もまだなかった時代に、この聖書和訳という偉業を成し遂げた中心人物が、幕末に来日したアメリカ人の医師でありキリスト教プロテスタントの宣教師でもあるジェームス・カーチス・ヘボン博士です。明治維新にはまだ九年もある一八五九年のことでした。

ヘボン博士が日本に来たころはまだ、日本中の町や村のいたるところに「キリシタン禁制の高札」が掲げられていました。

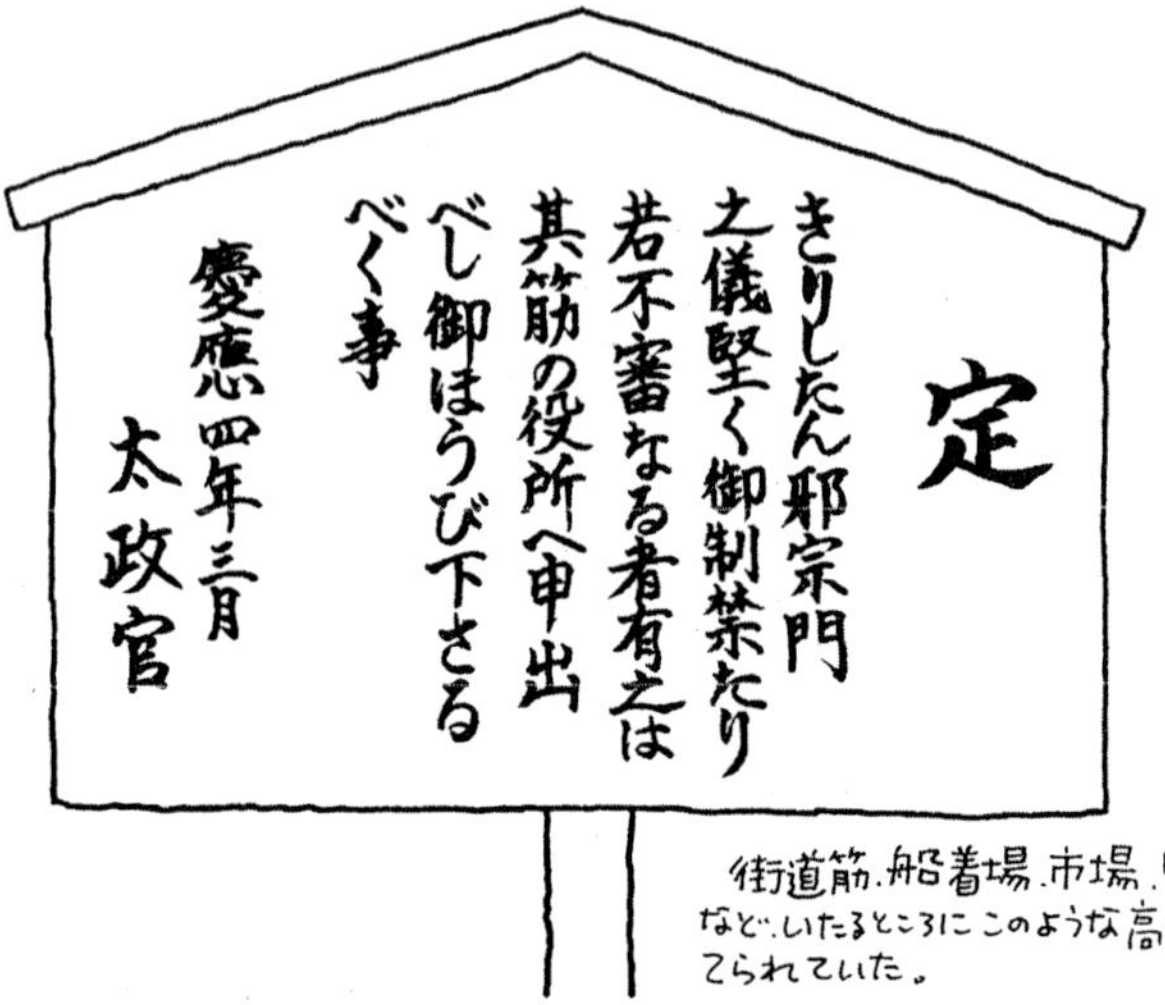
定
きりしたん耶宗門
之儀堅く御制禁たり
若不審なる者有之は
其筋の役所へ申出
べし御ほうび下さる
べく事
慶應四年三月
太政官

☆キリシタン禁制の高札《こうさつ》

1868年

街道筋、船着場、市場、町の入口など、いたるところにこのような高札が立てられていた。

日本ではなぜ、キリスト教が禁止になっていたのでしょう。

日本に初めてキリスト教が入ってきたのは一五四九年、ローマ・カトリック教会のイエズス会宣教師フランシスコ・ザビエルが鹿児島へ上陸し宣教を始めた時です。その後ザビエルに続いて次々に宣教師が来航し、三十年後には西日本を中心にキリスト教徒は二十万人に達したということです。そのころの日本の人口（二千万人）との比率から考えると、急激に増えたことがわかります。

一五八二年には天正少年使節団がローマに派遣され、高山右近、細川忠興など、多くの大名もキリスト教徒になりました。細川忠興夫人の玉子は「細川ガラシャ夫人」として小説にもなっています。

天下を統一した織田信長は、好意をも

☆フランシスコ・サビエル
（1506－1552）
・パリ大学にてロヨラとともにイエズス会を結成。
・1549年最初のカトリック伝道者として来日。
・讃美歌350の作詞者。

ってキリスト教宣教師を迎えており、南蛮寺（教会堂）、セミナリオ（神学校）設立の許可を与えました。こうした西欧との交流から、華やかな桃山文化が生まれました。

しかし豊臣秀吉の世になると、キリスト教が民衆を支配する上で障害になることを恐れ、バテレン（宣教師）追放令が出され、日本で最初の殉教者二十六人が十字架刑に処せられました。

江戸時代に入ると、キリシタンへの迫害はさらに強まります。天草・島原のキリシタン農民たちによる島原の乱はその結束の強さで有名ですが、やがて制圧されると、幕府によるキリスト教禁制は踏絵や宗門改めによりさらに徹底されていきました。

そして長崎の出島を残し、カトリックの国とは、いっさい交流禁止という鎖国体制をしいたので、キリスト教徒の数も徐々に少なくなっていきました。

しかし、信徒の中には何代にもわたって信仰を守り続ける人たちがあり、「隠れキリ

シタン」と呼ばれていました。幕末に来日した宣教師たちは、迫害を受けながらも何百年も信仰を守り続けた人たちがいたことに、驚きながらも大きな希望を見いだしたといいます。

☆安土のセミナリオ
教皇グレゴリオ13世の寄附により
1582年(天正10)完成。

*

ところで、フランシスコ・ザビエルの約三百年後に来日したヘボンは、ザビエルとは違いプロテスタントの宣教師でしたが、プロテスタント教会の成り立ちとはどういうものなのでしょうか。

十六世紀、ヨーロッパではローマ・カトリック教会が絶対的な力を持っていました。そのような中、修道士のマルチン・ルターは、教会が免罪符を売って資金集めをしていることを憂い、ヴィッテンベルク城教会の扉に九十五箇条の論題をかかげました。一五一七年十月三十一日のことです。今日、世界中のプロテスタント教会はこの日を記念して、十月三十一日を宗教改革記念日としています。

その論題の中でルターは、免罪符によって得られる赦しではなく、「信仰による義」

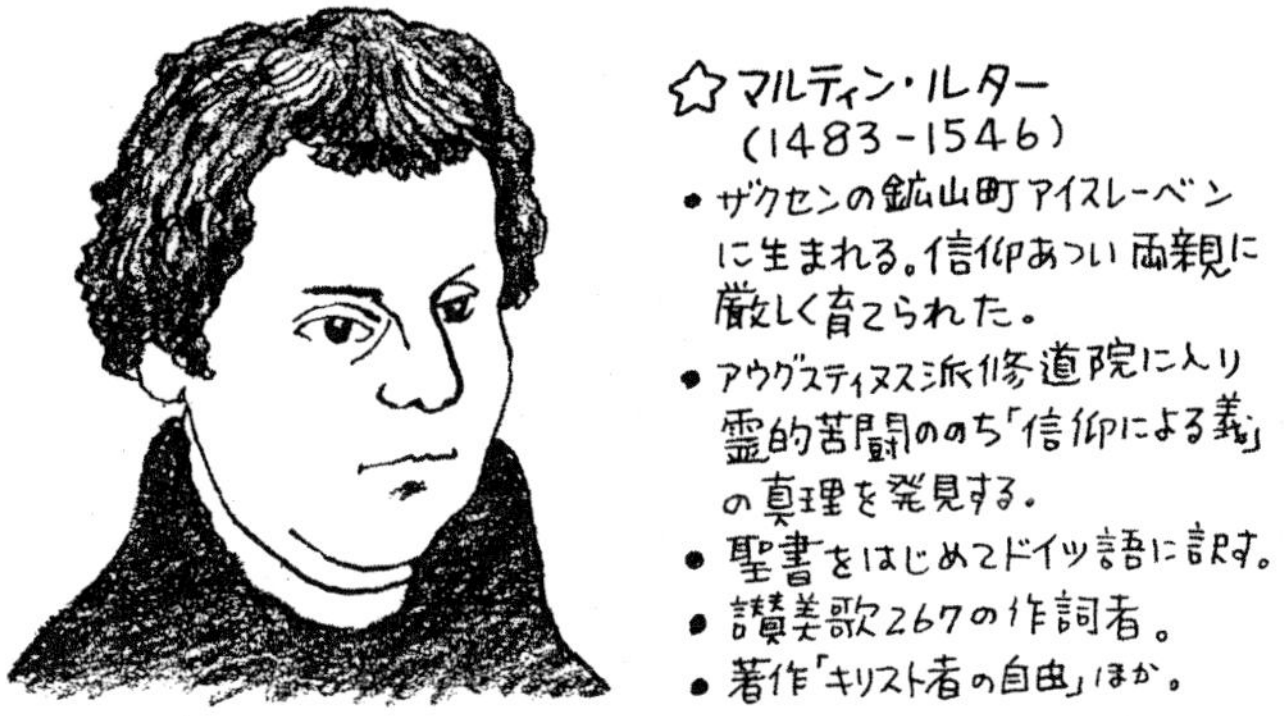
☆マルティン・ルター
(1483-1546)
・ザクセンの鉱山町アイスレーベンに生まれる。信仰あつい両親に厳しく育てられた。
・アウグスティヌス派修道院に入り霊的苦闘ののち「信仰による義」の真理を発見する。
・聖書をはじめてドイツ語に訳す。
・讃美歌267の作詞者。
・著作「キリスト者の自由」ほか。

を訴え、教皇といえども間違いを犯すことはあり、聖書だけがいつも正しいと主張し、カトリック教会から破門されてしまいます。

追手を逃れたルターは「神の言葉」聖書を、ヘブル語とギリシャ語から、誰にでも読めるようにわかりやすいドイツ語に翻訳しました。こうして聖職者の特権だった聖書は、一般の人たちにも読むことができるようになったのです。

ルターの主張はプロテスタント（抗議）運動となってヨーロッパ中に広がり、宗教改革が起こりました。こうしてローマ・カトリック教会から分かれたプロテスタント教会は北ヨーロッパへと広がり、スイス、フランス、オランダ、スコットランド、イギリス、さらに新大陸アメリカへと広がっていきました。

＊

さて、日本は鎖国の中でしたが、十八世紀になるとイギリスに産業革命が起こります。水力や蒸気によって動く機械が発明されると、工場では大量に製品が生産されるようになり、イギリスはその輸出先と原料の輸入先をアジアに求めました。

イギリスに続き、フランス、アメリカも産業革命を成し遂げ、同じようにアジアに進出してきました。二百年以上鎖国をしてきた日本のまわりには、開国を求めて外国の船が出没するようになります。

アメリカのペリーが黒船を率いて来航したのはこのような時代でした。ペリーはアメリカ合衆国大統領の、開国を求める国書を携えていました。

日本は、内外の事情を考えた末、開国せざるを得ない状況であることを認め、長崎、神奈川（横浜）、箱館（明治二年より函館となる）を開港しました。開国まもない日本には、欧米からたくさんの商人、技師たちがやって来ました。

ヘボン夫妻が、日本に来た初期のプロテスタント宣教医として神奈川（横浜）へ上陸したのもこのころです。すぐにでも伝道したかったヘボンですが、聖書を持っていたり聖書の話を聞いたりするだけで投獄される厳しいキリスト教禁制の世の中だったので、直接伝道することはできませんでした。

しかし、いつか必ず福音《ふくいん》を伝える日が来ることを信じて、ヘボンは、他の宣教師たちとともに聖書を日本語に翻訳する準備を始めました。

日本は幕末の動乱の中、外国人に反感を持つ攘夷《じょうい》思想の武士による外国人殺傷事件が相次ぎ、ヘボンも命をねらわれました。

横浜に居をかまえたヘボンは無料診療所を開き、日本人の病気を最新の西洋医学で治し、名医とうたわれます。並行して日本語の研究を続け、七年の歳月をかけて日本初の本格的和英辞書『和英語林集成』を出版しました。

この時用いたローマ字の表記のしかたは、今も私たちが使っているもので、ヘボンの名をとって「ヘボン式ローマ字」と呼ばれています。

ヘボンは他の宣教師とともにこの辞書を使い、十一年という歳月をかけて聖書の日本語訳を進めました。翻訳事業に費やされた長い年月、最初から最後までかかわっていたのは、ヘボンただひとりでした。

ヘボンはさらに、当時の日本ではまだ充分とはいえなかった女子教育や、ミッション・スクールの創設、教会の設立などを成し、日本医学界にも大きく貢献し、私たちは今もその恩恵の中に浴しています。

ヘボンの滞日三十三年間に、日本人と日本文化、日本のキリスト教会に与えられた種々の賜物《たまもの》は絶大であり、大いなる福音として忘れてはならないと思うのです。

また、幕末から明治に移る動乱の中で、外国人の目に当時の日本、そして日本人はどのように映っていたのでしょう。この本をとおして、ヘボンや他の宣教師の目に映ったそのころの日本と日本人が、少しでも見えてきたら幸いです。

第1章
Chapter 1
来日までのヘボン

私は神を知らぬ国、
医者のない国に往《ゆ》くことは善いと思いまして、
心の中に我主の命令と思いまして、
我親の家を去り親の国を去ってシナへ行きました。
（『ヘボンの手紙』より）

ヘボンの生い立ち

初めて自分と神の関係を考えた大学時代。

☆ミルトンのヘボンの生家
・ヘボンは8人兄弟(女6人.男2人)の長男だった。

外国人であるというだけで命をねらわれることすらあった当時の日本にあって、「国民の友」と呼ばれ、「平文《ヘボン》先生!」と日本人に慕われたジェームス・カーチス・ヘボン博士の「ヘボン」は、実は「ヘップバーン」と発音するのが正しく、アメリカの大女優キャサリン・ヘップバーンとは同じ一族だということです。両家ともスコットランドから新大陸アメリカへ移住して来ました。

博士が自分のことを、よく響くテノールで「ヘッバーン」と名乗るのを聞いた日本人の耳には、それが「ヘボン」と聞こえたのだろうと思われます。「ヘボン先生」と呼ばれても本人は気にしなかったようですし、この発音がすっかり浸透しているので、ここでも「ヘボン」で進めていきたいと思います。

＊

日本では江戸時代も終わりに近づいた一八一五年、アメリカのペンシルバニア州ミルトンでヘボンは生まれました。

父はペンシルバニア州でも有名な弁護士として市民から尊敬されていた人で、母は牧師の娘でした。両親とも米国長老教会に所属する敬虔なクリスチャンでした。

ヘボンは姉が一人いる八人兄弟の長男として育てられました。男兄弟はのちに牧師になる弟のスレーターだけで、ふたりは仲が良く、終生手紙のやりとりをしています。母は外国伝道に強い関心を抱き、『ミッショナリー・ヘラルド』という宣教師のための雑誌などを購読しており、ヘボンも少年時代にそれを興味深く読んだそうです。

神を恐れ、日曜日の礼拝を守り、教会で聖書を学び、信仰問答を暗唱するように育てられたヘボンは、「家庭は最善の学校」と語り、母からは「人生の最良の教師として」、大きな感化を受けたといいます。

そのころは成績さえ良ければ年少でも大学入学資格を得られたので、ヘボンは十六歳で父の卒業したプリンストン大学の三年に編入しました。大人っぽい学生たちの中で、年下のヘボンは目立たない存在だったようです。

ヘボンが四年の時にニューヨークからプリンストンへとコレラが大流行したため、大学も一時閉鎖になり、そのまま卒業ということになってしまいました。

この短い大学生活はヘボンにとってどのようなものだったのでしょう。四十年にわたりヘボンと交友関係にあったW・E・グリフィスは、著書（『ヘボン―同時代人の見た―』高谷道男監修、佐々木晃訳）の中で次のようなヘボンの言葉を記しています。

「その短い大学生活は多くの点で有益でありました。アメリカ各州から学生が集まっていたために、異質な人と文化に接する機会を得、短期間の生活を通して生涯の友人を得ることも出来ました。」

また、

「大部分の学生の運動は散歩でした。クリケットはあったが、今アメリカで人気のある野球はまだ普及していませんでした。大学どうしの対抗スポーツもまだない時代でした。だから、私たちは運動のためによく散歩をしたものです。

学生の多くは好んで女子学生の校舎までの半マイルの道のりを散歩したものでした。運よく女子学生の姿を垣間見ることのできた者もたまにはいましたが、言葉を交わすものは滅多にいませんでした。全寮制の大学では女子学生は特に厳重な監視下に置かれていたのです。」

と、ほほえましい学生生活の一コマも垣間見ることができます。このヘボンの散歩の趣味は一生続き、来日当初もステッキを持って神奈川の農村を歩きまわったので、日本人に怪しまれたこともありました。

当時の大学の必修科目はラテン語などの古典でしたが、ヘボンは化学の実験ばかりしていたので、大学側から「キッカー」（反抗者）と見なされてしまいました。心優しいグリーン学長は「化学の学名、文献の多くがラテン語で書かれていることを君は知らないのかね」と、古典が学問の基礎になっていることを説き、納得したヘボンは、古典の授業で得られるものはすべて学び取ろうと決めて、ラテン語、ギリシャ語、ヘブル語を習得しました。

これがのちに日本語訳聖書をつくる時、大いに役立つことになるのです。

両親には牧師か弁護士になることを強く望まれていましたが、内気で人前で話すことが苦手なヘボンは医師の道を選び、改めてペンシルバニア大学医学科に入り、眼科を含め三科の講義を受けました。

一八三五年、プリンストン大学から文学修士の学位を、翌年にはペンシルバニア大学から医学博士の学位を授与されています。

ヘボンはペンシルバニア大学に在学中、突如として起こったリバイバル（信仰復興）運動の中で、初めて自分と神との関係を真剣に考え、聖霊の招きに応じて献身をするという深い宗教体験をし、ペンシルバニア州ミルトンの長老教会に所属しました。

クララとの結婚

「主の僕」として生きる決意をしたふたり。

ヘボンのその後の人生を決定する二つの決意がなされたのは、ペンシルバニア州ノリスタウンで開業医をしていた一八三八年のことです。

一つは生涯の伴侶クララ・メリー・リートと出会い、結婚を決めたことでした。ヘボンより四歳若いクララはすぐれた人柄で、彼女の従兄弟《いとこ》が校長をしていたノリスタウン・アカデミーの教師をしていました。彼女の先祖のウィリアム・リートは、イギリス王家直属の裁判官としてピューリタンを裁く裁判を行っていました。しかし、彼らの固い信仰と立派な態度に心動かされ、名誉ある職を捨て、迫害されているピューリタンの一団の指導者となり、信仰の自由を求めて新大陸アメリカに渡りました。コネチカット州を開拓し、死ぬまでコネチカット州知事をつとめ、人々に尊敬されたということです。

もう一つは東洋宣教医になる決意でした。少年のころから母に海外宣教の様子を聞いて育ったヘボンです。福音も知らず、病気で苦しんでいる人たちがアジアの国々にいるということをクララと話し合い、互いの使命感を確認したのではないでしょうか。若い二人は海外で「主の僕《しもべ》」として生きる決意をし、婚約したのでした。

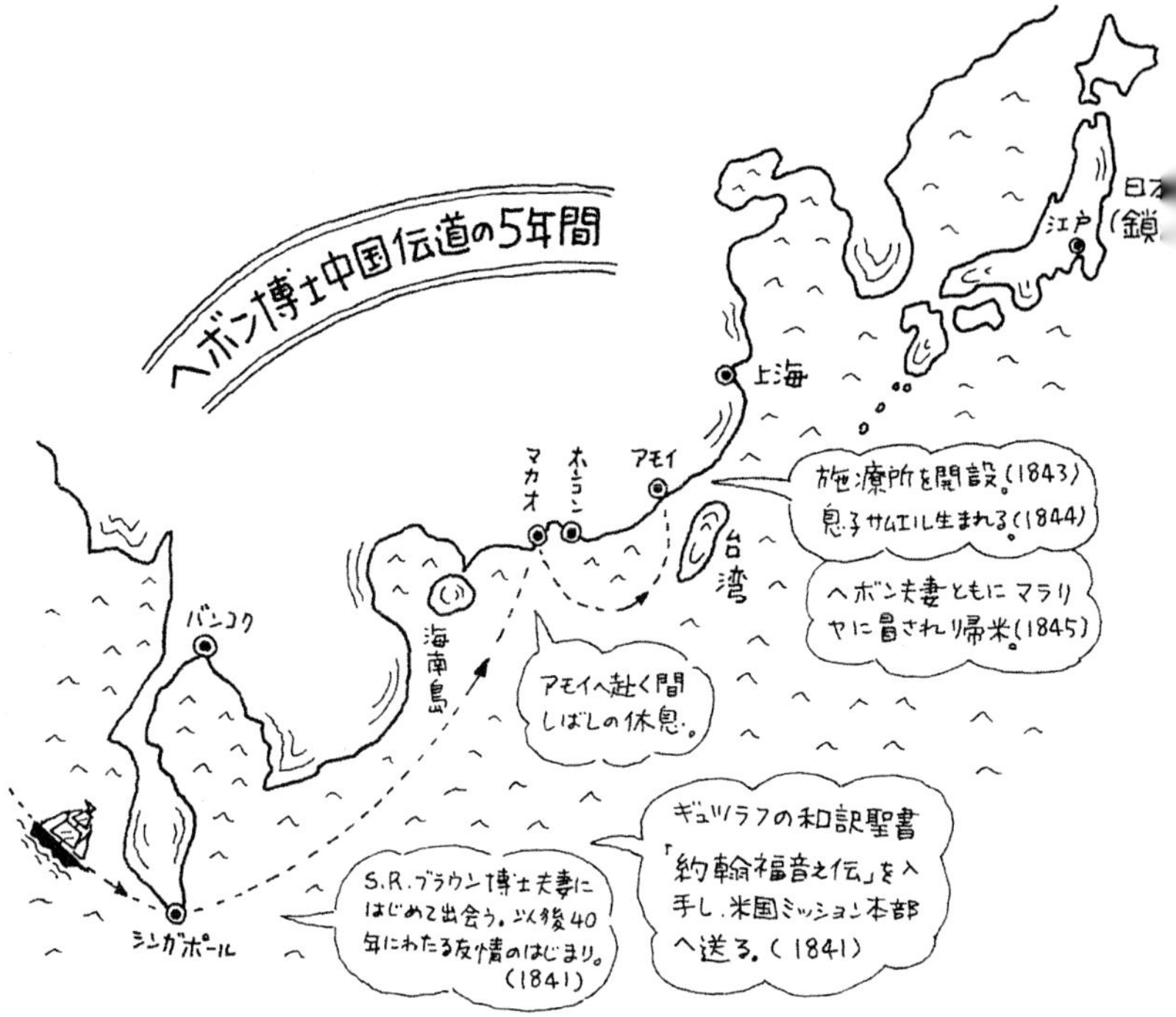
ヘボン博士中国伝道の5年間
日本
江戸
上海
アモイ
ホンコン
マカオ
施療所を開設。(1843)
息子サムエル生まれる。(1844)
台湾
ヘボン夫妻ともにマラリヤに冒され帰米。(1845)
海南島
バンコク
アモイへ赴く間しばしの休息。
ギュツラフの和訳聖書「約翰福音之伝」を入手し、米国ミッション本部へ送る。(1841)
S.R.ブラウン博士夫妻にはじめて出会う。以後40年にわたる友情のはじまり。(1841)
シンガポール

その当時の米国にとってアジアは地の果てに等しく、そこへ行って働くという決意は相当なものだったに違いありません。ヘボンは次のように語っています。

「私の家族、特に父は私の考えに強く反対しました。何とかして私の決心を翻《ひるがえ》させようと努力していました。私自身も、決意を断念すべきか否かについて迷い、悩みました。『行こう』と決心がついた時、初めて私は心に安らぎを覚えました。」

「神の意志」と「自分の意志」が重なった時にこそ、心に平安が訪れるものなのでしょう。

ヘボンとクララは一八四〇年に結婚し、米国海外伝道協会の要請に応じ、新婚旅行を兼ねて海路シンガポールへ向けて旅立ちました。

東洋への旅

以後四十年にわたる友人・ブラウンにシンガポールで出会う。

アメリカからアジアへの旅は帆船です。まだ太平洋を横断する技術がなく、アフリカ南端の希望峰をめぐってインド洋を抜け、南シナ海へ入るという三ヵ月を要する冒険のような旅でした。二十六歳になったばかりの若い宣教医ヘボンの熱い心の内が、航海日記にはどのように書かれているのでしょう。

「この世に生を受けてより九四九一日、信仰を告白して以来ほぼ六年。今日まで生きてきた時間の全てと、神の掟に完全に従うことを要求されていた時間の功罪を神がもし公平に清算なさるとしたら、私の人間としての価値はどのくらいに測られるであろう。二〇年間、水を飲むごとくに罪を犯し、欲のままに歩き、神に対し全く無関心のままに生きていた。主の僕になる決意を告白して以来のこの六年でさえ、どれだけ多くの時間が誤って費やされてきたことか。不信仰、堕落、世俗の誘惑の故に無為に費やした時間、無意味な会話、愚かでよこしまな心の思い、怠惰な生活の営みの中で無駄に過ごした全ての時間を差し引いたら、一体どれだけの時間が残るであろう。神の厳しい掟の前では、神への不従順、不信仰の一片たりとも許されはしまい。神の掟は常に神に対する愛を動機として行動することを人間に要求する。」

この告白の中で、無駄に過ごした時間への反省がきわだっていますが、その後来日してから日本人のために施療《せりょう》、辞書編纂《へんさん》、聖書和訳という膨大な仕事を何十年もかけてやりとげるには、一分一秒を大切にし、急がず、休まないという決意が必要でした。その決意は、その後のヘボンの生き方に現れていると言えます。

さて、船上での生活はどうだったのでしょう。若いクララは船旅に弱かったようですし、狭い船室は不便だったに違いありません。覚悟していたとはいえ、空と海ばかりの毎日、嵐に木の葉のように揺れる船。妊娠していた夫人は六ヵ月で流産という不幸に見舞われ、夫妻は初めての子を大海原に手厚く葬ることになってしまいました。ヘボンは医者として夫としてクララをいたわり励まし、悲しみを共にします。その時のつらい気持ちが、日記には次のように書かれています。

「悲しい心を慰めてくれるものはただ祈りのみ。祈りに優る慰めはない。聖書の真理が現実に理解され、感じられる。我々はこの航海を通して忍耐すること神に信頼することを教えられた。信仰と希望と愛と謙遜とは全てこの苦難を通して成長するように作られていることを確信する。主は必ず精神を純化し、主との霊的な交わりをするために捧げる私の祈りに応えたもう。それがたとえどのような形で応えられるかは分からないけれど、神の大いなる、数々の恵みに感謝しよう。おお、どうかもっと信仰が強められ、忍耐が信仰によって全うされますように。」

☆S・R・ブラウン
(1810-1880)
米国改革派教会宣教師。1859年、フルベッキ、シモンズとともに来日。「日米会話編」を著し、ヘボンと聖書和訳につとめる。井深梶之助らの要請によりブラウン塾を開く。病気のため1879年帰米、翌年70歳で召天。讃美歌319は母フィベの作詞。

それから一ヵ月ほどしてクララ夫人の体調も元に戻り、甲板に出て来た姿を見たヘボンは喜んで、「神に何と感謝したらいいのだろう」と記しています。

ボストンを出て百一日目に、船はジャワ島に到着しました。ヘボン夫妻は、ジャワ島から当時すでに国際都市であったシンガポールへ向かいます。この貿易都市には中国人、マレー人、ベンガル人、アラブ人、ユダヤ人、ポルトガル人、オランダ人、イギリス人、フランス人、アメリカ人などが住んでいました。ミッション・スクールもあり、宣教師たちが説教をして聖書研究会を開いていました。

シンガポールにとどまることを決めたヘボンは、マレー語の研究を始めます。そしてここで、米国改革派教会の宣教師、サムエル・ロビンズ・ブラウンと出会うのですが、ヘボンの筆によると、これが「以後四十年にわたる私たちの友情の始まりだった。その

☆ギュツラフの「約翰《ヨハネ》福音之伝」和訳

ヨアンネスノ　タヨリ　ヨロコビ

一節 ハジマリニ　カシコイモノゴザル。コノカシコイモノ　ゴクラクトモニゴザル。コノカシコイモノハゴクラク。

二 ハジマリニコノカシコイモノ　ゴクラクトモニゴザル。

漂流日本人（岩吉・久吉・音吉）とともに日本語に訳された最初のもの。一八三七年シンガポールで印刷され日本伝道にそなえていた。

☆カール・F・A・ギュツラフ
(1803-1851)
北ドイツ生まれでオランダ伝道協会宣教師。1828年より、シンガポール、マカオ、ホンコンなど東洋伝道につくした。
1837年モリソン号にて7人の漂流日本人を送還のため来航したがかなわずマカオに帰る。
同年、最初の日本語聖書「約翰《ヨハネ》福音之伝」を出版する。
48歳でホンコンに眠る。

時は、まさか私たち二人が、将来日本で二十年間、一緒に働くことになろうとは夢にも思わなかった」のでした。

＊

シンガポールでは男の子が生まれましたが、数時間の命でした。夫妻の悲しみはいかばかりかであったかと同情にたえません。

イギリスとの阿片戦争に負けた中国が外国に開かれると、ヘボン夫妻は米国ミッションより中国への転任を命じられ、マカオへ向かいます。マカオは当時ポルトガル領と考えられていて、十八世紀、十九世紀と栄え、外国との通商

☆ロバート・モリソン
(1782−1834)
イギリスの超教派ロンドン宣教会の宣教師。中国伝道の先駆者。広東にて中国語の研究を行い、漢訳聖書、辞書、学校をつくるなど東洋における宣教活動の基本をつくる。27年間中国に滞在し、52歳で広東に眠る。
モリソン号は彼の名を記念してつけられた。中国名は善徳。

拠点でした。外国人居留地もあり、プロテスタントの東洋伝道の本拠地でもあり、宣教師たちが住んでいました。

中国への移動指令を待つ間、この美しいマカオでヘボン夫妻はゆっくり休むことができ、心の慰めを得ることができました。

その後、ヘボン夫妻はアモイへ向かいます。アモイも貿易港として各国の船が出入りしていて、港の西のコロンス島は外国人の居留地になっていました。夫妻はここに落ちついて、施療を始めます。そして愛息サムエルが生まれ、元気に育ちます。ヘボン夫妻はどんなに喜んだことでしょう。

アモイには、アジアの教育と宣教に心を燃やす同志がいて、礼拝はクラブ集会所や領事館で行われていました。この時期ヘボンは、ギュツラフ博士が漂流日本人を帰国させようとした、モリソン号事件のことや鎖国日本のことを聞いたと思われます。そして部分的にではあるものの、初めて日本語に訳されたギュツラフ訳聖書「約翰《ヨハネ》福音之書」を手に入れ、ミッションへ送っています。

アモイの気候と水は宣教師夫人たちにとって耐え難いものだったらしく、数ヵ月に四人の宣教師夫人が病死し、さらにヘボン夫妻もマラリヤに冒されてしまいました。なかなか回復しなかったため、断腸の思いで帰国を決意し、一八四五年ニューヨークに向け、船上の人となります。ボストンを船出してから、はや五年が経っていました。

ニューヨーク時代

大病院を売り、キリスト教禁制の日本へ。

熱い決意を持って赴《おもむ》いた中国宣教は、志なかばにして帰国せざるを得ない結果に終わりました。そしてヘボンはニューヨークで開業医として仕事を始めます。

その誠実な人柄と治療の確かさで、ヘボンは名医として大都市ニューヨークの市民の間で評判になり、ニューヨークでも一、二を争う大病院の院長として成功を極めました。充分な財産を蓄えることもでき、ヘボン夫妻は幸福な生活を送っていました。しかし、ヘボンの心からは外国伝道のことがいつも離れず、いつか自分のために選ばれた任地に再び戻りたいという望みを常に抱き続けていたのでした。

ニューヨークではさらに三人の子どもに恵まれましたが、流行の猩紅熱《しょうこうねつ》や赤痢で五歳、二歳、一歳というかわいい盛りに相次いで亡くしてしまいます。ヘボン夫妻の心中は察するにあまりあります。一歳のカーティが死んだ時、ヘボンは弟のスレーターに宛て、次のような手紙を出しています。

「おお！スレーター君、わたしどもの深い悲しみ、わたしどものこの予期せざる寂寥をどう君に説明することができようか。わたしどもは、この小さい子はきっと命をとりとめると思いました。……あの子は強い元気な子だった。でもこんな残酷な病気と死はあわれな人間にはあまりに強かったのです。しかし勝利は神のみにある、嬰児は勝利した。彼はイエスの胸に抱かれて安全である。わたしはあの尊い幼な子を守っていかなければならぬ――わたしの胸ははりさけるほどだ。おおニューヨークは何と恐ろしい所であろうか。わたしに翼があったらどこか寂しい所に飛んで行きたい。これらが悪しき思いならば、神よ赦したまえ。」

結婚以来、船上で亡くした子、シンガポールで亡くした子、そしてニューヨークで三人と、夫妻は五人の子を亡くしました。

この深い悲しみを抱いたヘボン夫妻の上に、それから四年の月日が流れていきました。ヘボン夫妻が日本伝道を考えるようになったのは、一つにはペリー提督の『日本遠征記』を興味深く読んだこと、そしてもう一つは、マカオで宣教師たちからモリソン号事件について聞いたこともあったでしょう。

アジアの端の小さな島国が二百年以上もの間鎖国をし、西洋文化とキリスト教を拒ん

ヘボン夫妻をのせて日本へむかうサンチョ・パンザ号。
☆友人のなげき
ヘボン夫妻と親しいニューヨークの銀行家夫人
日本の宣教は大切に違いありません。第一流の人物も必要でしょう。しかしヘボン氏ほどの高潔堪能な紳士を送る必要が果してあるでしょうか。疑問です。

できたこと、そしてタウンゼント・ハリスの条約によって開国したことなどを知り、ヘボンの心に海外伝道の希望が再びわきあがってきました。

「行って、全世界の人に福音を宣べ伝えよ」（マタイ二八・一九、二〇）の声が魂に鳴り響きます。

夫妻はさっそく、東洋の日本という国へ献身する決意を固め、長老派海外伝道協会に意向を伝えました。伝道協会は宣教にあたり、まず、その地の病気を治せる宣教医を派遣する必要を感じていたため、その申し出は一週間後に受理されました。

ニューヨークで十三年間開業医として名声を博し、医師としても脂が乗っている時でしたが、ヘボン夫妻はまわりの反対の声を背に、築きあげた大病院、豪華な邸宅、別荘、家財道具のすべてを売り払いました。当時のお金で一万ドルと言われています。これらの財産は日本の宣教のために使うことになります。

ただ、心残りは十四歳になるひとり息子サムエルのことだったのですが、涙を飲んで寄宿学校に入れ、父や友人によくよく頼んで、後ろ髪を引かれる思いで日本へ出発したのでした。

第2章 Chapter 2 幕末の日本へ

伝道局が日本のどこへ、わたしどもを派遣するかわかりません。
しかし神の意ならば、わたしは喜んで出てゆきます。
そこに行き、それらの暗黒の中に住む人々の幾人かの蒙昧《もうまい》を啓《ひら》き、
その帝国にキリストの聖国《みくに》をたてるべき器となる以外に、
私の心を喜ばすものは何もありません。
もし神がわたしを派遣し、
わたしと共にいますならば、それで満足です。

（『ヘボンの手紙』より）

ペリー来航と開国

ペリーもハリスも敬虔なクリスチャンだった。

日本へ開国を迫ったペリー提督がアメリカ合衆国の代表として四隻の軍艦を率いて日本にやって来たのは、一八五三年のことでした。幕府からの返事がすぐ返ってこないので、考える時間を与えるため、一度は退きますが、一八五四年、再び日本に来て幕府との交渉に入ります。

米国捕鯨船の遭難が北太平洋で続出している…。
米国船に石炭やまき、水、食料を供給してほしい。また難破船や船員の保護をお願いしたい。

☆M.C.ペリー提督
(1794-1858)
東インドシナ及び日本諸海洋における米国海軍総司令長官。"蒸気海軍の父"とよばれた。「日本遠征記」3巻を著し、当時のベストセラーになった。米国聖公会の敬虔な信徒。あだ名はオールド・プルイン（熊おやじ）。

ペリーの人柄は寡黙できまじめで、日本のことをよく研究してきていたということです。『ペルリ提督・日本遠征記（二）』（土屋喬雄・玉城肇訳岩波文庫）によると、ペリーが日本と交渉するにあたってとった方策は、要約すると次のよう

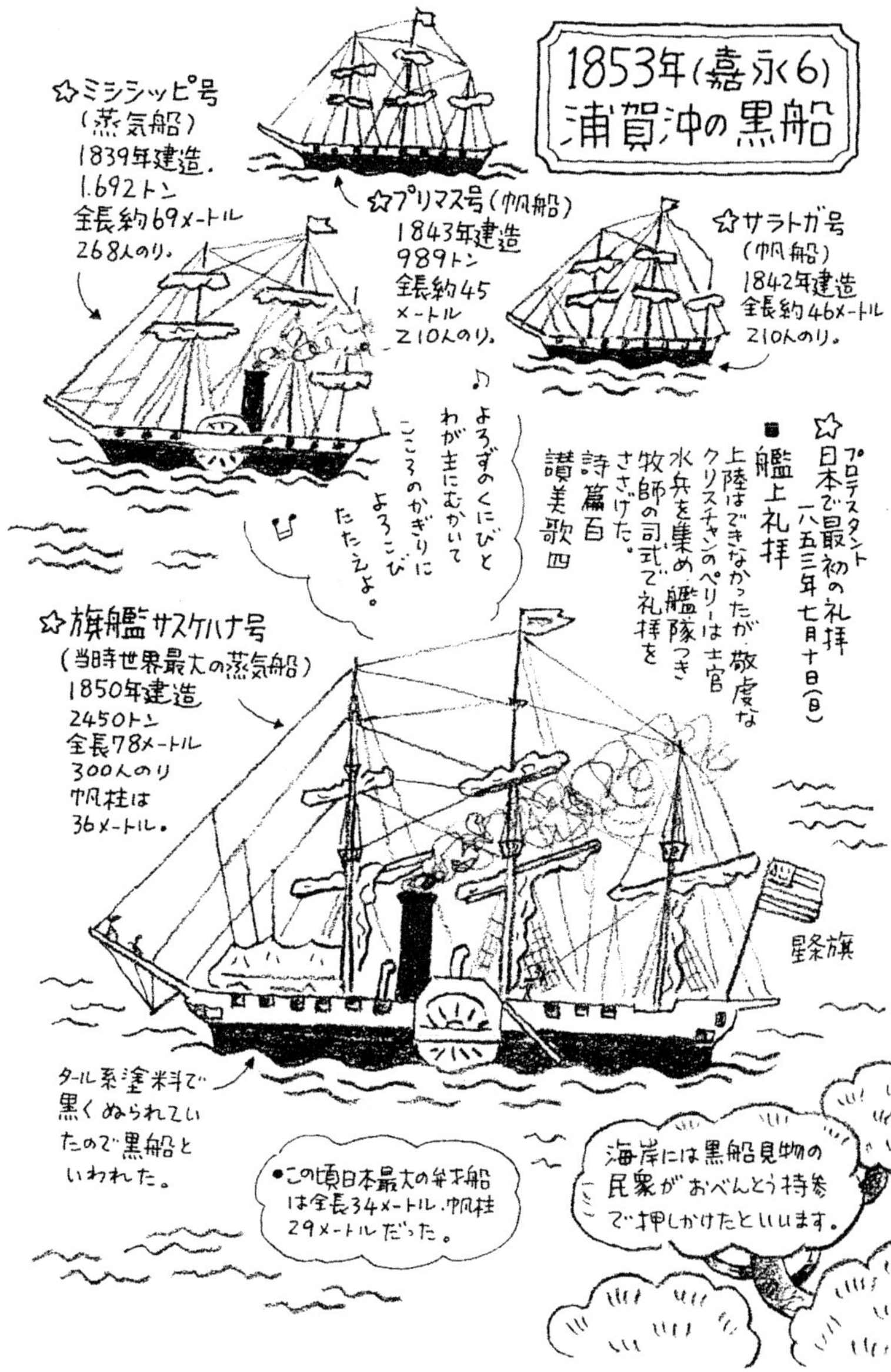
1853年（嘉永6）浦賀沖の黒船
☆ミシシッピ号（蒸気船）1839年建造。1.692トン 全長約69メートル 268人のり。
☆プリマス号（帆船）1843年建造 989トン 全長約45メートル 210人のり。
☆サラトガ号（帆船）1842年建造 全長約46メートル 210人のり。
☆プロテスタント日本で最初の礼拝 一八五三年七月十日(日)
■艦上礼拝
上陸はできなかったが、敬虔なクリスチャンのペリーは士官水兵を集め、艦隊つき牧師の司式で礼拝をささげた。
詩篇百 讃美歌四
♪よろずのくにびと わが主にむかいて こころのかぎりに よろこび たたえよ。
☆旗艦サスケハナ号（当時世界最大の蒸気船）1850年建造 2450トン 全長78メートル 300人のり 帆柱は36メートル。
星条旗
タール系塗料で黒くぬられていたので黒船といわれた。
●この頃日本最大の弁才船は全長34メートル、帆柱29メートルだった。
海岸には黒船見物の民衆がおべんとう持参で押しかけたといいます。

になります。

「日本人は、世界のどの国よりもすぐれていると思い上がっており、外国人に対していつも傲慢で無礼な態度である。このような日本人と交渉する場合は、これまでに訪れた他国の人たちのように、屈服し頼みこんだりしてもうまくいかない。むしろこちらが堂々とし、自分を派遣してきた国家を尊敬させ、一文明国が他の文明国に対する礼儀は当然のこと要求しよう。他の国民にも誇りがあることを示し、日本政府に対して断固たる態度をとることである。」

また、アメリカの代表者として、日本に開国を迫るこの任務を果たすにあたっての気持ちを、「この、ずいぶんと変わった、鎖国に生きている人々を、文明世界の一員として仲間入りさせるという今回の計画が流血もなく、成功することを神に祈る」と記しています。

東洋の民族を相手にする場合は、寛容・温情・忍耐・勇気が必要なのです。
日本を阿片商人(イギリス)の手から守るのだ。
☆タウンゼント・ハリス
(1804-1878)
初代駐日米国総領事。ニューヨークの貿易商。5年あまりの東洋への通商旅行の経験が日本との交渉でも役立った。ニューヨーク教育局長時代に私財をなげうって、フリー・アカデミー(無料中学)を創設。しゅみは読書。生涯独身。米聖公会の敬虔な信徒。親幕家。「日本滞在記」を著す。

＊

ペリーの交渉が成功し、日米和親条約が結ばれると、一八五六年、初代駐日アメリカ総領事としてタウンゼント・ハリスが来日しました。ハリスは日本と貿易を進めるという役割をになっていました。幕府との交渉でハリスは次のように説得します。

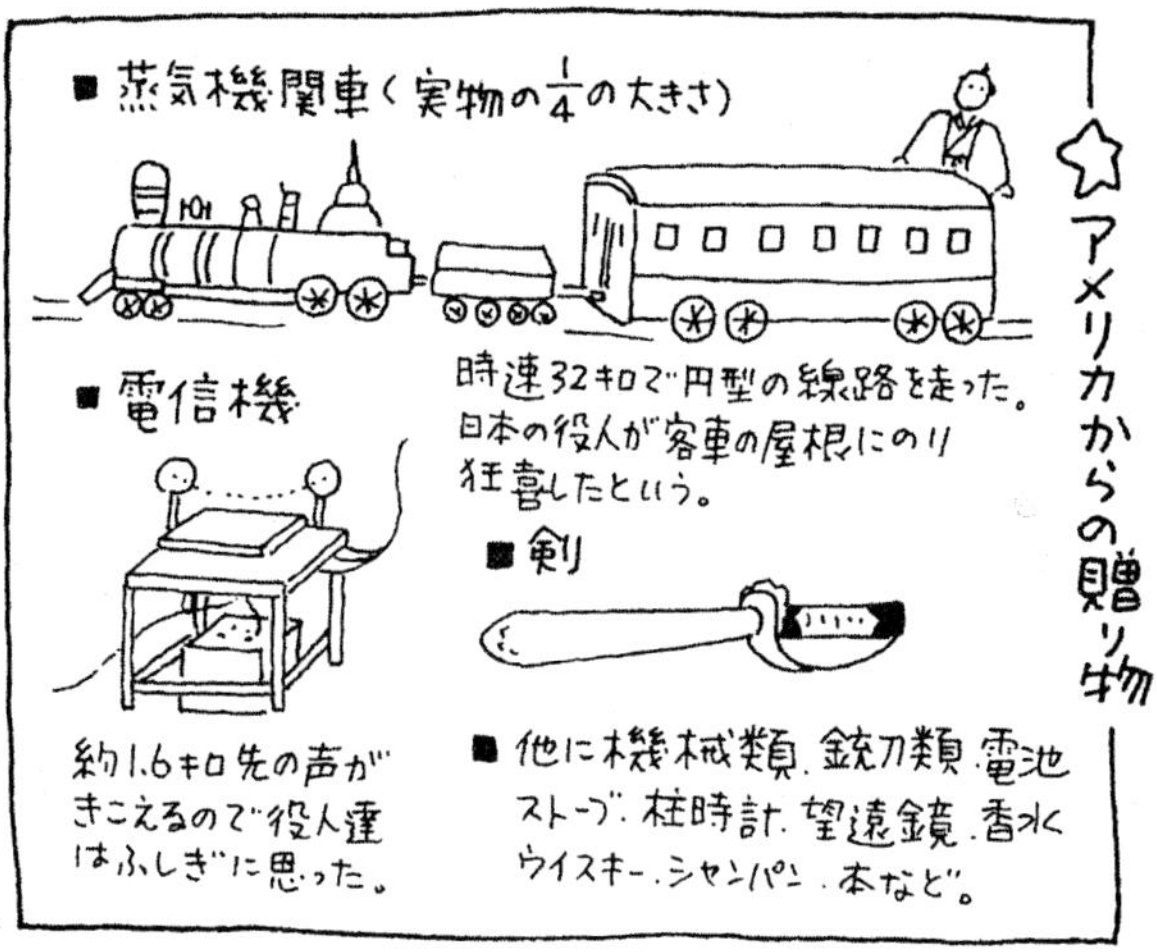

☆アメリカからの贈り物
■蒸気機関車（実物の1/4の大きさ）
時速32キロで円型の線路を走った。日本の役人が客車の屋根にのり狂喜したという。
■電信機
約1.6キロ先の声がきこえるので役人達はふしぎに思った。
■剣
■他に機械類、銃刀類、電池、ストーブ、柱時計、望遠鏡、香水、ウイスキー、シャンパン、本など。

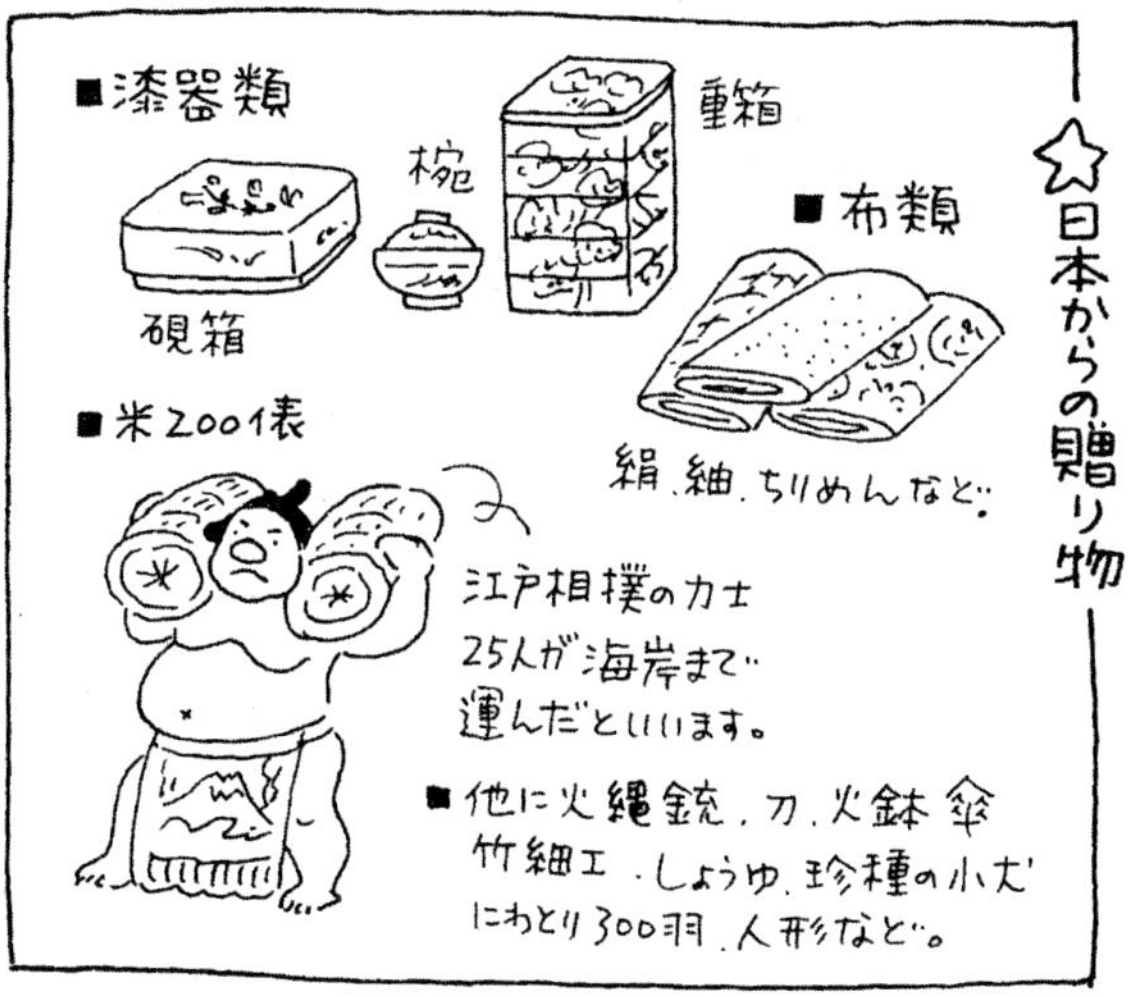

☆日本からの贈り物
■漆器類
椀
重箱
硯箱
■布類
絹、紬、ちりめんなど
■米200俵
江戸相撲の力士25人が海岸まで運んだといいます。
■他に火縄銃、刀、火鉢、傘、竹細工、しょうゆ、珍種の小犬、にわとり300羽、人形など。

「日本人は眼を開かなければなりません。一度眼を開けば、アメリカが日本を侵略しようという考えがないことがわかります。むしろ開国し、貿易することで豊かな国になれるのです。」

ハリスの誠実さと粘り強い交渉によって一八五八年、日米修好通商条約が結ばれました。この条約の主な点は、「日本に公使を置くこと」「幕府や役人の監督なしに商人同士で自由に貿易できること」「貿易できる港をふやすこと」などです。一番時間を費やしたキリシタン解禁に対しては、幕府はなかなか同意しませんでしたが、ハリスは何度も足を運んで交渉を続け、とうとう外国人に対してだけは宗教の自由を認めるという約束をとりつけました。

この約束が盛り込まれた日米修好通商条約の第八条は、だいたい次のような内容です。「日本にいるアメリカ人は、居留地内なら礼拝堂を置いてもよい。お互いに各々の宗教を認め合いましょう。日本の長崎における踏み絵はすでに廃止しました。」

親幕家であったハリスは日本最初の遣米使節や遣欧使節の派遣に奔走しました。ハリスはまた日本を巡るヨーロッパ各国の対立、競争、猜疑、術策に対してもよく通じていたと思われ、賢く中立の立場をとっていました。

幕府は、長い間交流し尊敬していた隣の大国である清（中国）が阿片戦争でイギリス軍に負け、香港などの沿岸各地を占領されたことを知っていました。

開国に関して幕府内部にはいろいろな意見を持つ人たちがいましたが、世界の状況を考えてみると開港せざるを得ませんでした。黒船を率いてきたペリーは、近代文明の威力を見せつけることによって、日本を開国に導くことに成功したのです。

アメリカの後を追ってイギリス、フランス、プロシア（ドイツ）、ロシアも条約を求めてきたので、幕府はアメリカと同じ条件で各国と条約を結びました。

☆プロテスタント日本で最初の陸上での礼拝
一八五六年八月一日(日)
玉泉寺にて。
■ハリスはポウハタン、ミシシッピ両艦の士官、水兵を集め礼拝をささげた。讃美歌二一六。
ああ、うるわしきシオンのあさ、ひかりぞ照りそめける。やみにまようくにぐにも、いざともにいわえかし。
●両刀をたずさえた日本の役人はきようみ深く静かにながめていたといいます。
当時、米国領事館のあった伊豆下田の玉泉寺。

ヘボン夫妻来日

外国人が暗殺される攘夷の国。

日本開国から五年後の一八五九年四月二十四日、ヘボン夫妻はニューヨークからサンチョパンザ号に乗り、日本へ向けて旅立ちました。

船中で日本語を学ぶために、ヘボンはキリシタン宣教師が編集したものと言われている「日本語文法書」と、以前シンガポールで求めたギュツラフの「約翰福音之書」を持って来ていました。そしてある程度、日本語を読んだり訳したりできるようになっていました。

途中上海で、ヘボンは腸の炎症、クララは赤痢になり、しばらくそこにとどまるというハプニングはありましたが、十月十八日、ようやく神奈川に到着しました。日本へ来たプロテスタント宣教師としては二番目と言われています。（一番目はヘボンより五ヵ月早く、聖公会の二人の宣教師が長崎に上陸しました。）

ヘボン夫妻は、アメリカ領事ドール氏の援助により、当時オランダ領事が馬小屋のようだと住むのをやめて放置していた成仏寺《じょうぶつじ》を借り、日本人の使用人を四人雇いました。成仏寺は大きいけれど古い寺だったので、あちこち改造し、礼拝もできるように工夫して大小八つの部屋を作り、持参の石鹸で床をみがき、何とか住めるようにしました。

十五日後には米国改革派の三人の宣教師が来日し、旧友のS・R・ブラウンは成仏寺の庫裡《くり》に、シモンズは近くの宗興寺《そうこうじ》に住むことになりました。

フルベッキはヘボンの助言で長崎へ上陸しました。このころ、ヘボンは米ミッションへ次のような手紙を送っています。

「早速、家庭礼拝用の祭壇を作った。毎日の楽しい交わりには、ブラウン博士夫妻、時には合衆国の軍艦ポーハタン号の従軍牧師ウッド師、信者の海軍士官や水兵たち、それに横浜の商人の中の信者も加わることがあった。古い寺はこのようにして、神の家に変えられていった。」

それからは、日曜日の礼拝は欠かさず続けられました。この成仏寺は、日本プロテスタント宣教発祥の歴史的記念の地とされています。

幕府は、宣教師たちが日本に来た目的をある程度知ってはいましたが、深くは干渉しませんでした。しかし、ヘボンたちが雇った使用人、大工、物売りなどは実は幕府差し回しのスパイで、宣教師たちの一挙一動はいちいち奉行所に報告されていました。

開国したとはいえ、まだ江戸時代だった当時、武士階級の一部の者は、日本が外国人に侵略されていると思ったらしく、開港後一年間で十数人の外国人が日本刀で殺害されました。

ヘボンも命をねらわれたことがあります。クララ夫人などは、実際に肩を殴打される

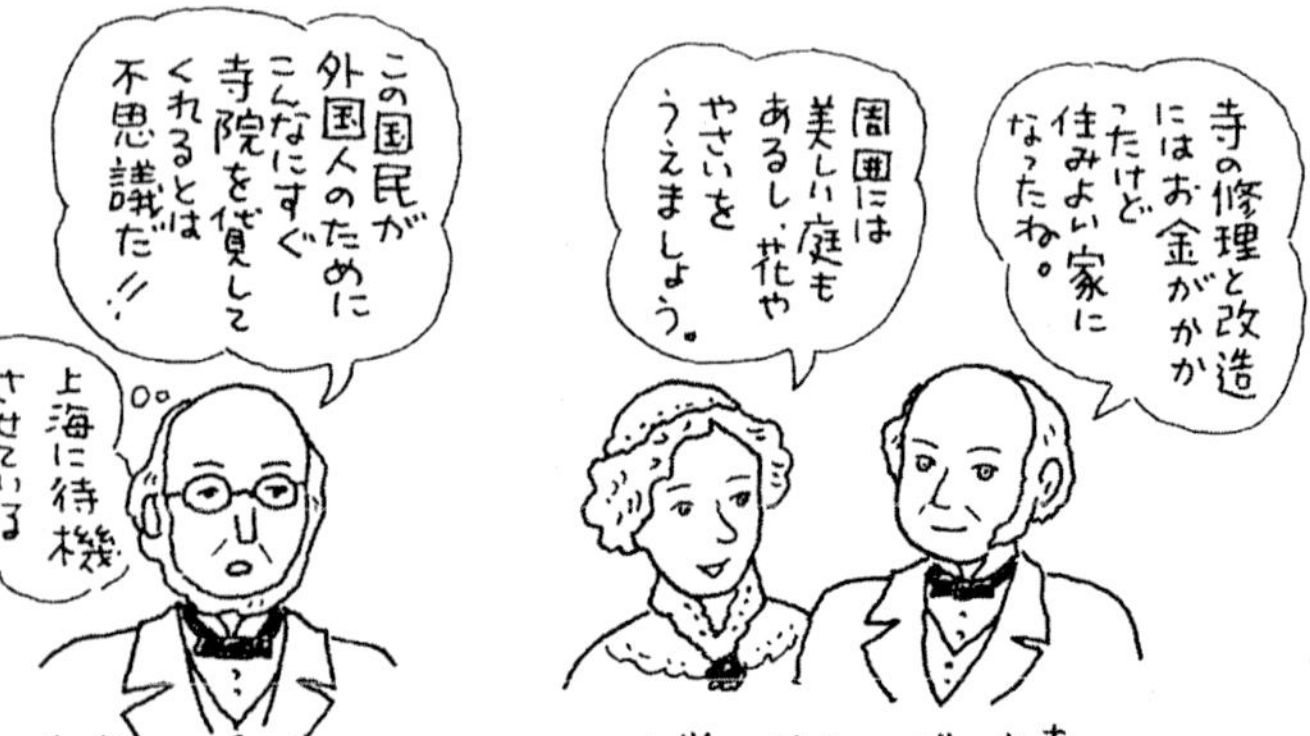

寺の修理と改造にはお金がかかったけど住みよい家になったね。
周囲には美しい庭もあるし、花ややさいをうえましょう。
この国民が外国人のためにこんなにすぐ寺院を貸してくれるとは不思議だ!!
上海に待機させている妻子をよぼう。

本堂に住むヘボン夫妻

庫裏《くり》に住むS・R・ブラウン

という被害にあいましたが、日本人との間に摩擦を起こすことを嫌ったヘボン夫妻は、これを表沙汰にしませんでした。

『植村正久と其の時代』（第一巻・佐波亘著、教文館）には、こんな話が載っています。

ある時ヘボンは、定治郎という使用人を雇ったのですが、二週間ほどで暇をくれと言いだしたので、そのわけを聞いてみると、「自分はある藩の武士で、あなたの内情を探り、隙あらば斬り捨ててやろうと思って使用人として入り込んだが、あなたは夷人《いじん》（野蛮人、外国人）とは思えぬほど親切で、仁義道徳をわきまえておられるから、殺すに忍びぬ。自分の考えの間違いを悟ったので御免をこうむって帰ります」とのこと。ヘボンの優れた人格を示すエピソードではありませんか。

このころの幕府の中枢部は、混迷を極めていました。一八六〇年、国内の反対を押しきって

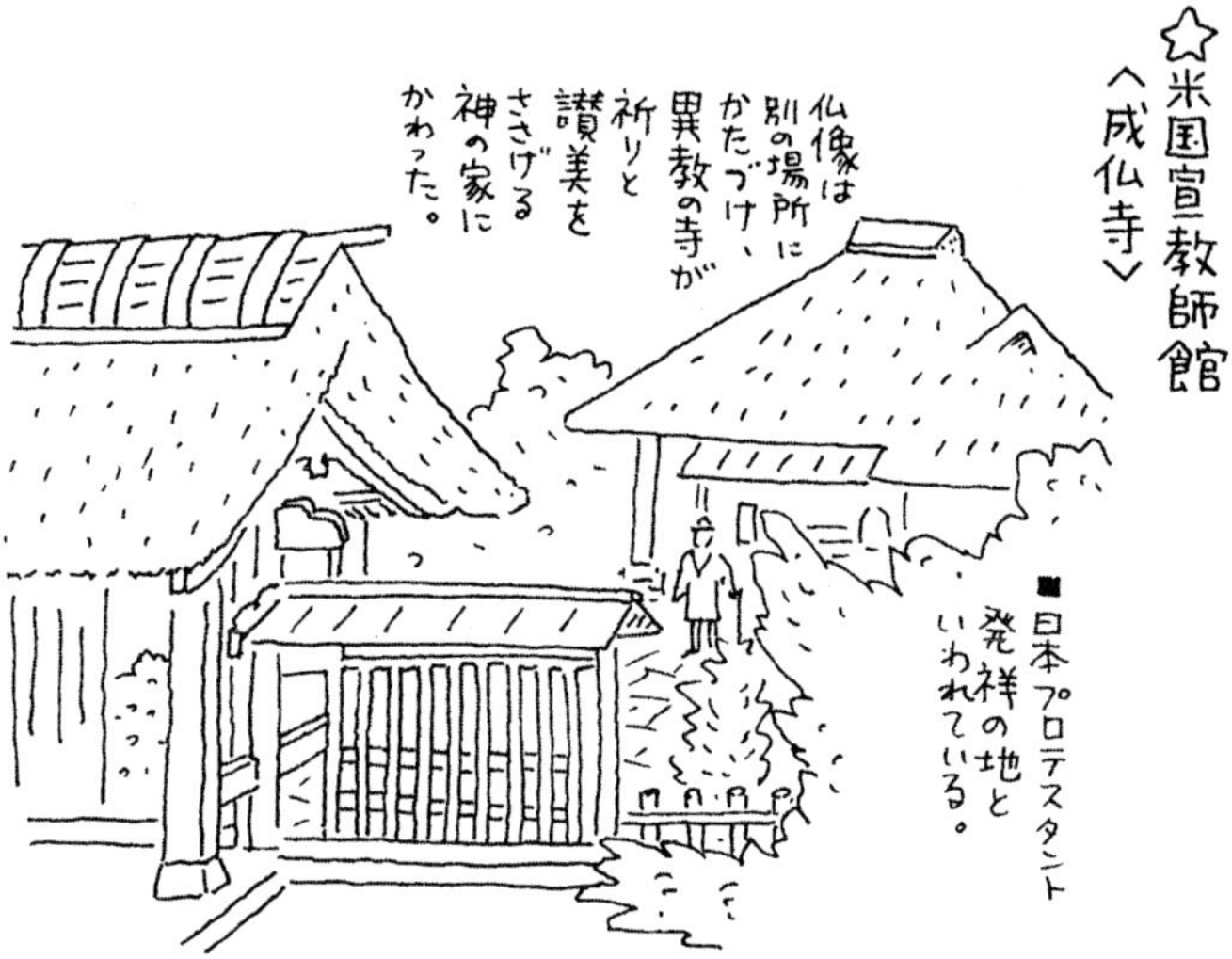
☆米国宣教師館
〈成仏寺〉
仏像は
別の場所に
かたづけ、
異教の寺が
祈りと
讃美を
ささげる
神の家に
かわった。
■日本プロテスタント
発祥の地と
いわれている。

日米修好通商条約を結んだ井伊大老が桜田門外にて暗殺されました。同じ年、ハリスの通訳兼書記として活躍していたヒュースケンが暗殺されています。ヒュースケンは母国オランダに母ひとり残し、二十一歳で自由の国アメリカへ渡り、ハリスに見いだされた人です。日本にはオランダ語の通訳しかいなかったので、オランダ語と英語ができるヒュースケンが日米の通訳として来日していたのです。ヘボンによると、彼は「人ずきのする、悪気のない人物で、彼を知るあらゆる日本人にはごく人気があり、江戸では誰よりもよく知られ、復讐されるようなうらみをうけるなど全くない人」だったそうです。日本に来て三年目の二十七歳でした。

日本国内のこれらの暗い動きに関し

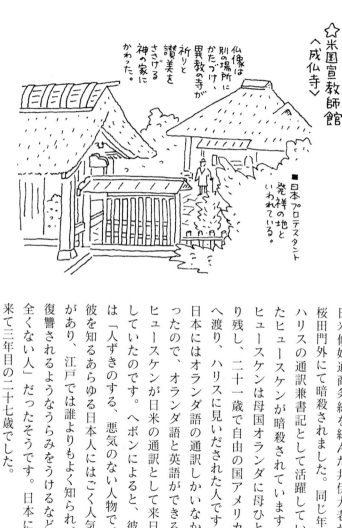

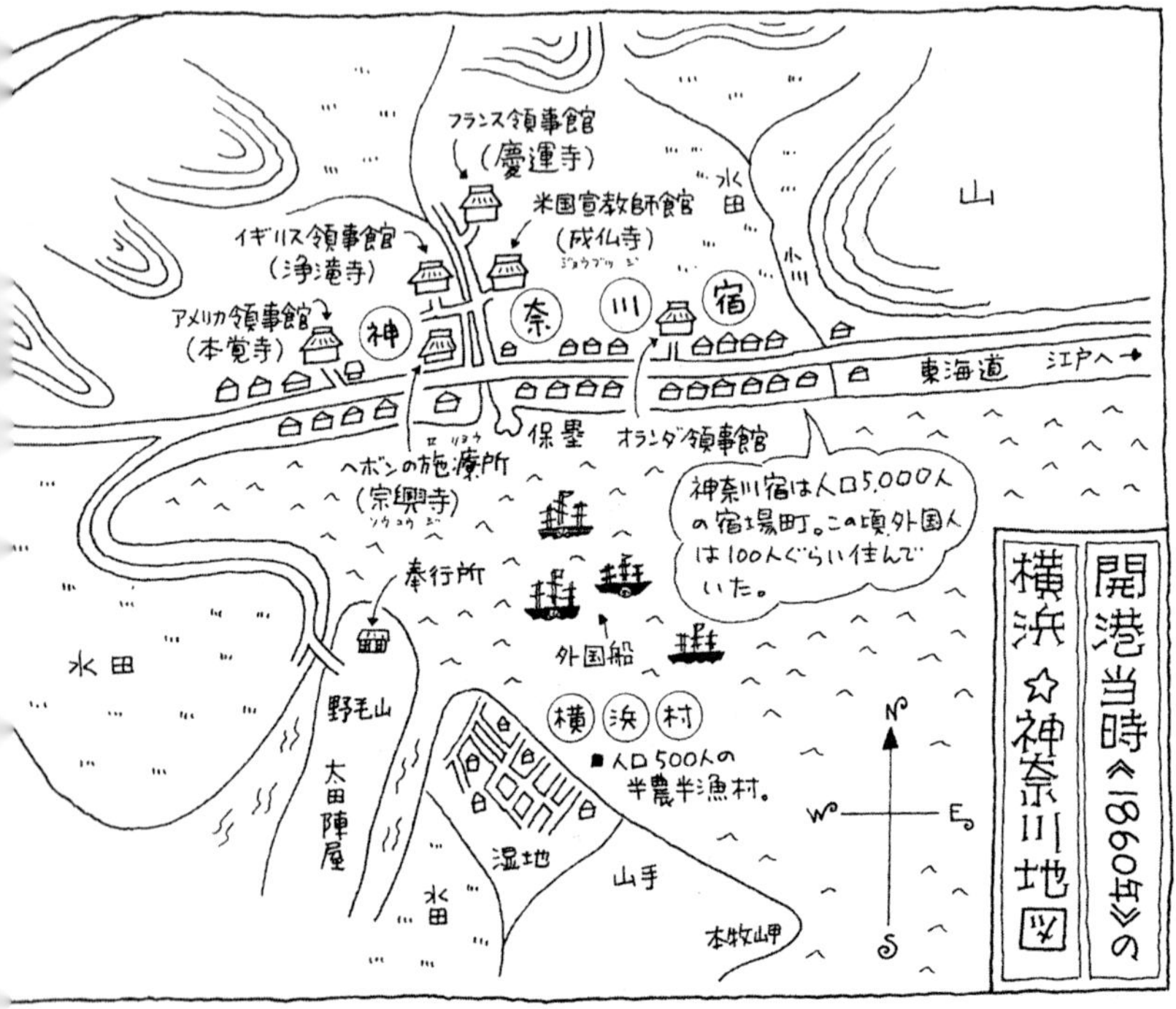
開港当時《1860年》の横浜☆神奈川地図
フランス領事館
（慶運寺）
米国宣教師館
（成仏寺《ジョウブツジ》）
イギリス領事館
（浄滝寺）
アメリカ領事館
（本覚寺）
神
奈
川
宿
水田
小川
山
東海道
江戸へ
保塁
オランダ領事館
ヘボンの施療《セリョウ》所
（宗興寺《ソウコウジ》）
神奈川宿は人口5,000人の宿場町。この頃外国人は100人ぐらい住んでいた。
奉行所
外国船
水田
野毛山
太田陣屋
横
浜
村
人口500人の半農半漁村。
湿地
山手
水田
本牧岬
N
W
E
S

て、ヘボンは次のように手紙を書いています。

「数日前、オランダ人が水戸藩の家来に殺されたし、大老も水戸藩のものに殺されたといわれています。水戸藩主は将軍家に関係があるので、将軍の位につく権利があると主張したようですが、二年前、前将軍に毒をもったかどにより、現在自宅に閉門を命ぜられているようです。また、昨秋、同藩は家来を使い、将軍家の御殿を炎上したと嫌疑をかけられていますが、その目的は大老を殺し、御殿を焼打し、外人を殺して、国内を混乱におとしいれ、外国と戦端を開き、そのどさくさの間に将軍の位につこうとすることであったようです。これは巷間、日本人の話です。」

幕府は外国人の身を守るために、住居のまわりを高い塀で囲みました。成仏寺の周囲にも高い塀が作られ、門には四人の役人が配備されました。

このような政情不安定の中、明治維新へ向けて日本国中が大きく変化していく引金となった事件が起こりました。ヘボンの住んでいる神奈川宿からほど近い生麦村（現・横浜市鶴見区）で発生した、のちに薩英戦争にまで発展する「生麦《なまむぎ》事件」です。

生麦事件

観光中のイギリス商人を切り捨てた薩摩の大名行列。

一八六二年九月、避暑と観光のために横浜に来ていたイギリス商人の妻、バラデール夫人、横浜にいる彼女の義兄弟マーシャル、ハード商会のクラーク、中国での商売をやめて帰英する前に日本に立ち寄ったリチャードソンの四名は、馬に乗って川崎大師の見物に出かけました。

一行が横浜と川崎の中間の生麦村にさしかかると、江戸の方から薩摩藩の島津久光の大名行列がやって来ました。

四人は狭い道の端に馬を寄せますが、先ぶれの者にもっと後ろへ引けと指図されます。溝に落ちそうになった四人が神奈川方向へ馬首を向けたとたん、数人の家来がものも言わず、何の合図もなく、猛然と一行に斬りかかってきたのです。バラデール夫人の頭をねらった一撃が振り降ろされましたが、夫人が身をかわしたので切り裂かれた帽子だけが宙に舞ったといいます。

深手を負った三人の紳士は武装していなかったので、完全に包囲され、リチャードソンは落馬しました。マーシャルはバラデール夫人に、命がけで逃げるようにと命じます。バラデール夫人は無我夢中で横浜にたどりつき、救助を求めました。即刻、居留地内の外国人たちが集合し、薬などを持って神奈川へ向かいます。

神奈川のアメリカ領事館に収容されたのは、脇腹と背中に重傷を負ったマーシャルと左腕がほとんど切断されそうになっているクラークでした。緊急に呼び出されたヘボンは彼らの傷の手当をしました。

救助に向かった人々が東海道の現場までリチャードソンを探しに行くと、フランスの騎馬護衛も到着していて、共に捜索にあたります。

現場の村人たちは口をつぐんで知らぬふり。

そこへ一人の少年が自分から進み出てリチャードソンの死体のある場所へ案内してくれ、捜索隊はやっと、道から九メートルほど離れた畑の中に二枚の筵《むしろ》で覆われている遺体を発見しました。

リチャードソンは全身血の塊のようで、腸がはみだし、胸の骨が砕け、心臓には槍で突かれたあとがあり、右手首は一本の筋肉でぶらさがっている痛ましい状態でこと切れていたのです。

＊

横浜の居留地では、リチャードソンが温和な性質で、立派な男らしい若いイギリス人だったということが知られていたので、「なぜこんな残忍な殺害が？」と騒然となったといいます。

イギリスは幕府につめよりますが、らちがあかず、当の久光は「イギリスが報復するなら直接鹿児島で応接する。幕府は関係ない！」といった強い態度に出たため、これが薩英戦争へと進んでいったのです。

ヘボンは、この事件について次のような手紙をミッションに送っています。

「薩摩藩主自身の命令で一イギリス紳士を殺害したあの最も野蛮な、原因不明の殺傷事件は今までの事件に比べて、とてもごまかすことがむずかしい事件なのです。わたしの感じでは、問題は急速に危機に直面しており、また何らかの外国の干渉が加わるように感ぜられます。主が今やこの国民の上に大きな計画を押し進められていることを信じ、また、この飢えたる国民に生命の糧が入ってくるのを締め出しているような力はやがて許されなくなるでしょう。」

☆一行はアメリカで実に至れり尽くせりの大歓迎をうけたといいます。
せわをしてくれた家の主人とその息子といっしょに日よう日にはいつも教会へ行ったヨ。
ダンシングとかいって妙な風をして男女が座敷中をとびまわるそのようすは、どうにもこうにもただ可笑《おか》しくてたまらなかった。

■蒸気機関模型、足付望遠鏡 磁石など持ち帰った勝海舟。

■アメリカで一番普及していたウェブスターの辞書を買って帰った福沢諭吉。

近代化と攘夷運動の間で揺れ動く日本ではありましたが、一八六〇年、アメリカ各地を見聞するために、遣米使節団が派遣されました。

遣米使節団

勝海舟、福沢諭吉も驚いた豊かな国・アメリカ。

軍艦ポーハタン号には外国（神奈川）奉行一行七十七人。護衛艦の咸臨丸《かんりんまる》には指揮官の勝海舟《かつかいしゅう》をはじめとする九十六人。福沢諭吉や通訳のジョン万次郎を含め総勢百七十二人の日本人は、三十日あまりの航海を経てアメリカへ到着しました。

サンフランシスコ、ワシントン、ニューヨークへと旅する一行をアメリカ人は大歓迎してくれたそうです。

日本人が夷人とさげすんできた人々の豊かな暮らしぶり、鉄道、石造りのビル、近代的な工場、国会、女性の地位、ダンス、日曜の礼拝など、見るものすべて驚きの連続だったようです。こうした民主主義の豊かな国を実際に見るという経験が、外国人に対する偏見を取り除き、その後の日本の発展に大きな影響を及ぼしたことは間違いありません。

S・R・ブラウンは、このように言っています。

「これら使節一行が、わたしたちの国で見聞したものから悪い印象をうけないようにと願っています。日本人の最初の訪米でうける影響が、どんな重要な意義をもつかということを認識して、使節一行に接する人々が、彼らの滞在中、それぞれの言動に注意して、好意を示すことがたいせつです。最近日本人は、アメリカ人に対し、友好的感情を抱いてきていることは疑いありません。」

ヘボンも、「もう日本が鎖国する時代は明らかに過ぎ去ってしまいました」と言っています。

ヘボン博士の散歩

静寂が好きなヘボンは田園や森の中を歩き、怪しまれる。

☆東海道・神奈川宿（1860年頃）
宿屋、茶店、みやげもの屋がならんでいる。5,000人ぐらいが住んでいた。
8キロほど続く細長い町。

ヘボンは、日本人の病気を治すために施療所を開きたかったのですが、幕府からの許可がなかなか得られません。そこで一日の大部分の時間は、日本人の教師を雇って日本語の研究にあて、合間にはよく散歩もしたようです。

このころの神奈川は、東海道の宿場町でした。道の両側には、旅篭《はたご》や茶店が並んでいて、約五千人の人が住んでいました。

そのまわりは畑や水田が広がり、農家が点在する美しい田園風景です。丘陵地は楢《なら》、栗、楓《かえで》、松、杉が森をつくり、段々畑では麦、豆、菜類、ソバ、綿花が栽培されていました。遠くに秀麗な富士山がくっきりと見えます。富士山について、同時期に来日したイギリスの園芸家フォーチュンは、「この

神々しい山こそフジヤマで、確かに世界中でこれ以上に美しい天然の風景をみつけるのはむずかしい」と感嘆しています。

また、現在の日本ではもう見られなくなったコウノトリの大群がエサをあさっていて、ヘボンがそばを通っても別に驚くふうでもなかったそうです。

青い麦畑を眺め、タンポポの花をつんで、ヘボンは「ああ、故国の春がなつかしい」と思ったと言います。

『ヘボン書簡集』から、散歩の様子をみてみましょう。

「わたしは相当の散歩家で、この国の美しい田園を散歩するのが大すきなのです。大体、森の中をよく歩きます。静寂がとてもすきなのです。……日本の住民は一般に外人を恐れて、外人が通りすぎると、ほっとした様子で、吐息をつくようです。……第一わたしがこんなによく散歩に出掛けるのを不思議に思っています。殊にこんな道もないような所を歩く理由がわからないようです。彼らはわたしが将来ここを占領するためこの辺を調査し、隅々まで精通しようとしているのだと考えたらしいのです。」

来日して一年経ったヘボンには、日本人はどのように映ったのでしょう。

「もしわたしどもが民衆に自由に近づくことができれば、福音は必ずや民衆の中に急速に浸透するに相違ないという将来の希望をもってよいのです。日本人の国民性や傾向から判断しても、日本人は明敏な知性と好奇心をもち、知識、ことに長い間鎖国して交通しなかった外国の知識をむさぼるように求める旺盛な知識欲をもっているのです。彼らは長い間無智《むち》文盲《もんもう》の中にとざされていたと自覚しているのです。また西洋の風習にあこがれ、これを模倣しようとしております。彼らの心は何らの先入観をもたず、新奇な実益あることとならば、喜んで摂取しようとしているのです。」

ブラウンも、次のようにミッションに報告しています。

「日本人は聖パウロ時代のアテネ人のような感じです。『いつも新しいものを聞こう』としています。ただ聞きっぱなしでなく、キセルとタバコをはなさないように筆と紙をもっていて、聞いたことをいちいち書きとめています。こういう、聞きたがる性格は彼ら自らを啓発してゆきます。この近所の人でも、ひとりふたりが、キリスト教の書籍をもっていて、店にしまっておき、通りすがりの宣教師をみれば、ひきとめて、奥の部屋に案内して、イエスの宗教について聞きたがるのです。彼らが言うには、一度に少しずつたびたび聞かしてくれるとよく覚えるというのです。こういう精神を日本の民衆に、こんなに早く見いだすとは思わなかったのです。」

クララが外出する時には、群衆があとからついて歩くほど好奇心の的になっていたようでしたが、日本の女性の友達ができるにつれて、近所の人々もだんだんうちとけてきました。そして徐々に、ヘボンと他の宣教師たちも人々に受け入れられていきました。

「確かに、もし役人などをこわがることさえなければ、とても親しくなれる人々なのです。わたしどもが街路を歩いている時なども、みんな楽しそうにほほ笑んで会釈してくれます。」

施療所を始める

五ヵ月間で三千五百人の患者に無料奉仕をしたヘボン。

ヘボンは、住居にしている成仏寺では日本の役人やその家族、また港にいる米海軍の人たちの治療はしていたのですが、一八六一年春、近くの宗興寺が空くとそこを借り、無許可のまま一、二ヵ月試験的に施療所を開きました。

医療事業は民衆の偏見を取り除き、日本人と自由に交際する道を開くいいチャンスでしたし、ヘボンはすべてのものを日本人に捧げるつもりで来日していたのです。まわりには病気に悩み、貧しいままやせ衰えていく悲惨な人々が無数にいて、最悪の状態のまま放置されていました。

ヘボンが必要な医療設備を整えて施療を始めると、患者は神奈川だけでなく遠くの田舎からも続々とやって来ました。ヘボンの日本語教師が江戸で医者をやっていたので、その紹介で江戸からも大勢の人が押しよせます。一日に百二十人から百六十人もの患者を診るという、昼も夜もない忙しさとなりました。

患者は貧しい人、婦人、子ども、中には両刀をさした武士、足軽、幕府の役人と、さまざまでした。そのころの日本人に多い病気は、肺結核、トラホーム、結膜炎、梅毒による失明、白内障、おでき、天然痘などでした。盲人が目立って多かったようです。

こんな話も残っています。

「戸部浦の漁師仁介が眼病を患い、洲干島弁天に願かけ、毎日お百度をふんでいたところ、ヘボンに出会います。ヘボンは治してあげましょうと、目薬を点眼するとたちまち痛みがやみました。仲間の漁師にも教え、みな難病と思っていたものが全快したので泣いてヘボンに感謝した」というものです。

ヘボンは外科も内科もこなしましたが、特に眼科は得意分野でした。ニューヨークで名医とうたわれたヘボンですから、ひとめで診断がついたものでしょう。

最新の西洋医学の治療効果は素晴らしいものでした。そのうえヘボンは治療費はいっさい受け取りませんでしたから、それまで病気になっても医者に行けないでいた貧しい人たちが押しかけたのも無理はありません。治療費のかわりに卵や野菜を置いていく人もあったということです。

また、外国人の外出は危険なことだったにもかかわらず、ヘボンは恐れることなく、動けない患者、老人のために往診しました。

まもなくヘボンは関東一円で知られるようになり、西洋医学を学びたい医者、助手になりたい学生を引き受け、治療、手術、入院、薬のことなどすべて教えました。幕府から九人の選ばれた青年に西洋の新しい知識を教えてほしいと依頼され、その中の一人に大村益次郎《おおむらますじろう》（日本の近代兵制を整備した）もいます。

しかし、世の中の尊皇攘夷《そんのうじょうい》論者による外国人襲撃事件が相次いだため、神奈川奉行は刺客《しかく》を懸念して施療所を閉鎖させてしまいました。

五ヵ月間でヘボンは何と延べ三千五百人の患者に処方箋を書き、しかも治療費はいっさいもらわず、すべてを自分のニューヨーク時代の財産でまかないました。来日する時に医療に必要な薬品、医療器具はある程度持って来てはいましたが、足りないものは海外から取り寄せていたようです。

この間、眼球摘出を含む眼の手術三十四回、脳水腫の手術五回、背中のおでき切開一回、白内障、痔、直腸炎、チフスなどの治療を行っています。

施療所閉鎖にあたって、ヘボンは次のように言っています。

「施療が阻止されたことは、私にとってもことに貧しい人々には深い悲しみでありました。」

一八六二年の夏、日本全国にコレラとはしかが流行しました。長崎から広島、岡山と北上しつつ猛威をふるったコレラによって、長崎では人口五万人のうちおよそ七千人が死亡。江戸では七万三千人が死亡しました。横浜でも多数の死者が出て、ヘボンの知人である宣教師の幼い娘も、治療の甲斐なく亡くなっています。

横浜居留地
危険な神奈川宿から人口五百人の横浜村へ。

コレラ騒動もようやくおさまったこの年の師走、ヘボンは横浜へ引っ越し、そこで再び施療所を開き、貧しい人々の治療を再開しました。

このころのエピソードで、林董《ただす》（のちの外務大臣。ヘボン夫人の英語の生徒だった）は、ヘボンの人柄について感動的な思い出を語っています。要約すると次のような話です。

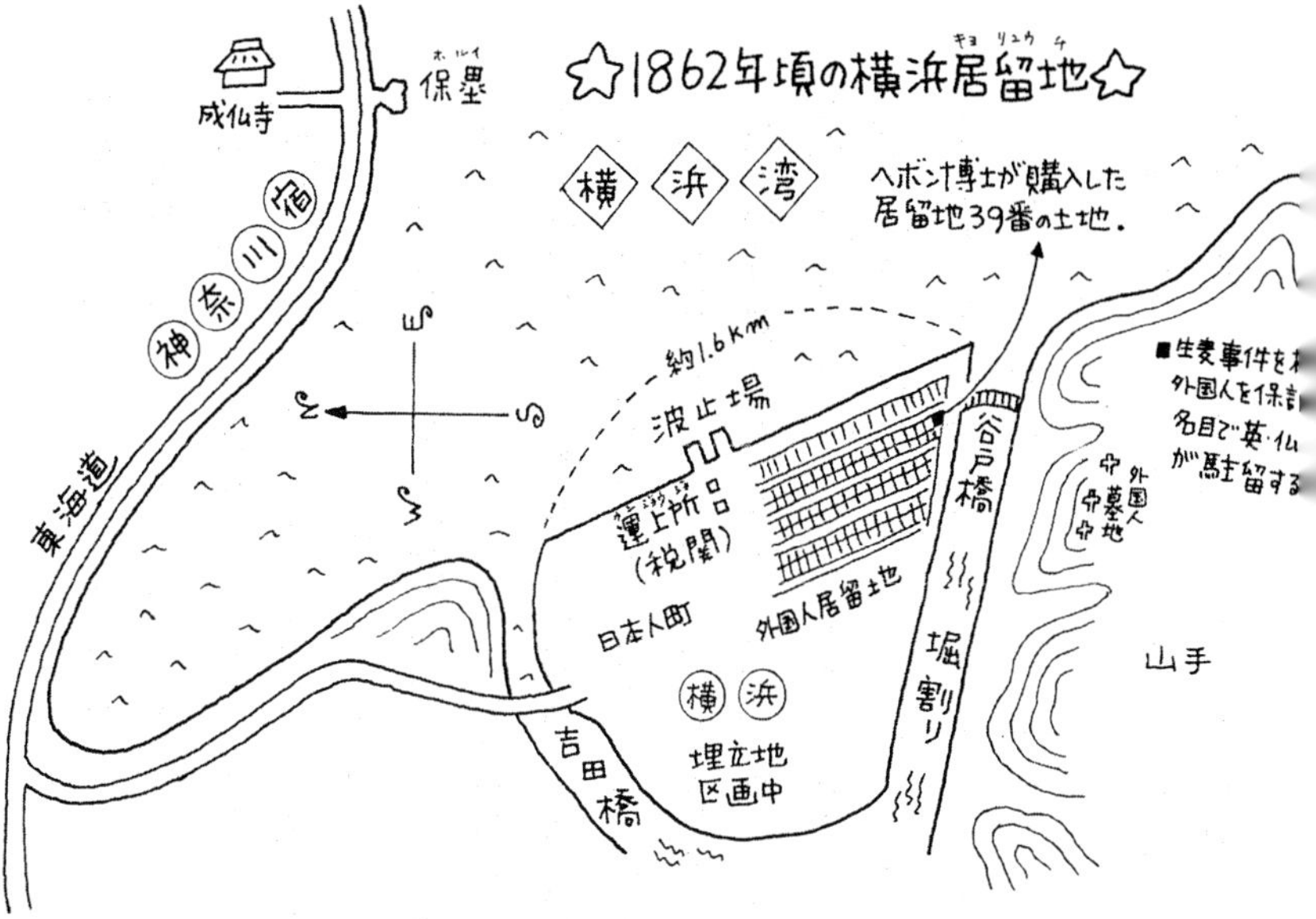
☆1862年頃の横浜居留地《キョリユウチ》☆
保塁《ホルイ》
成仏寺
神奈川宿
東海道
横浜湾
ヘボン博士が購入した
居留地39番の土地。
約1.6km
波止場
運上所《うんじょうしょ》
(税関)
谷戸橋
外国人墓地
■生麦事件を
外国人を保
名目で英・仏
が駐留する
日本人町
外国人居留地
横浜
埋立地
区画中
吉田橋
堀割り
山手

「若い頃、感銘を受けて忘れることのできない一つの出来事があります。ヘボン博士が施療所で用いるためにアルコールの大瓶を上海から取り寄せた時のことです。下僕たち四人（世間から疎外された無法者をヘボン夫妻は差別しないで親切にしていた）は荷物を解きながら瓶の中の液体が焼酎に似ていると話していました。博士は彼らが誘惑に負けてそれを飲んでは大変だと思われて、そのアルコールは焼酎よりはるかに強く、しかも医療用だと教え、どんなことがあっても決して焼酎のつもりで飲んではいけないと注意しました。もし飲み過ぎたら死ぬこともあるからです。

それにもかかわらず、その晩四

人の下僕たちは、共謀して施療所に忍び込み、度をはるかに越すほど飲んでしまったのです。四人とも酔って動けなくなり、おまけに高熱を発し、挙句の果て、その場に昏倒したまま意識を失ってしまいました。その中の一人の妻は遅くなっても夫が帰らないので心配して施療所まで来て、驚きヘボン博士に知らせたのです。

彼らがすっかり回復した時、博士は優しく、しかも厳しく、彼らのした行為は『盗み』の行為で、大変罪深いことであることを教え諭しました。卑しい欲望に負けてアルコールを飲んでしまったことに対して博士はそれ以上は叱りませんでした。自ら招いた苦痛と、精神的な恥ずかしさとが彼らには充分な懲らしめとなりました。

谷戸橋のそばにあったヘボン邸跡に建つ記念碑

このようにして、博士は彼ら自身の良心をして罪の深さを意識させたのです。翌日、下僕たちはこの事件の一部始終を私に話して聞かせました。彼らは目に涙を浮かべていました。

それ以来、彼らの主人に対する愛情と尊敬の念とは以前にも増して深くなりました。以後、何をするにも、まず第一に考えるのは主人のためになることでした。たとえ彼らがどんなに無教育で、無法者であっても、博士の親切、誠意が、これらの人々の心にいかに大きな力を及ぼしたかを見た時、私は感動しました。」

この四人の中で一番年少だった牧野久米七は、ヘボン夫妻が日本を去るまで忠実な使用人として長年仕えたということです。

＊

居留地とは、外国人が貿易などを行うために住むことを許された土地です。

幕府は神奈川宿のお寺を開放して外国の領事館や宣教師の住居にあてていましたが、世の中は日に日に不穏になり、外国人の身に危険が及ぶようになりました。

☆ヘボン邸外観
寺院風の中にも洋風の建物は
目立ったといいます。

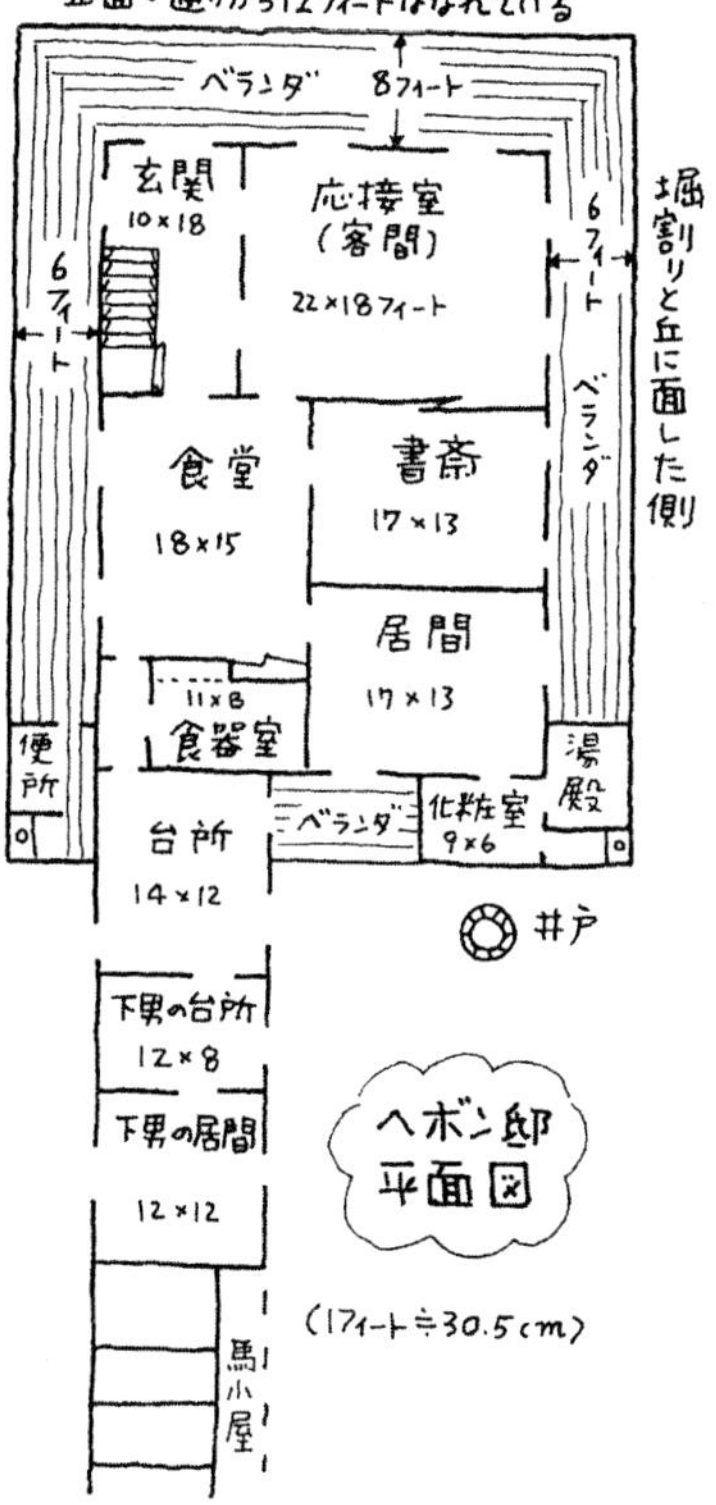
正面●通りから12フィートはなれている
ベランダ
8フィート
玄関
10×18
応接室
（客間）
22×18フィート
6フィート
6フィート
堀割りと丘に面した側
ベランダ
食堂
18×15
書斎
17×13
居間
17×13
11×8
食器室
便所
湯殿
台所
14×12
ベランダ
化粧室
9×6
井戸
下男の台所
12×8
下男の居間
12×12
馬小屋
ヘボン邸
平面図
（1フィート≒30.5cm）

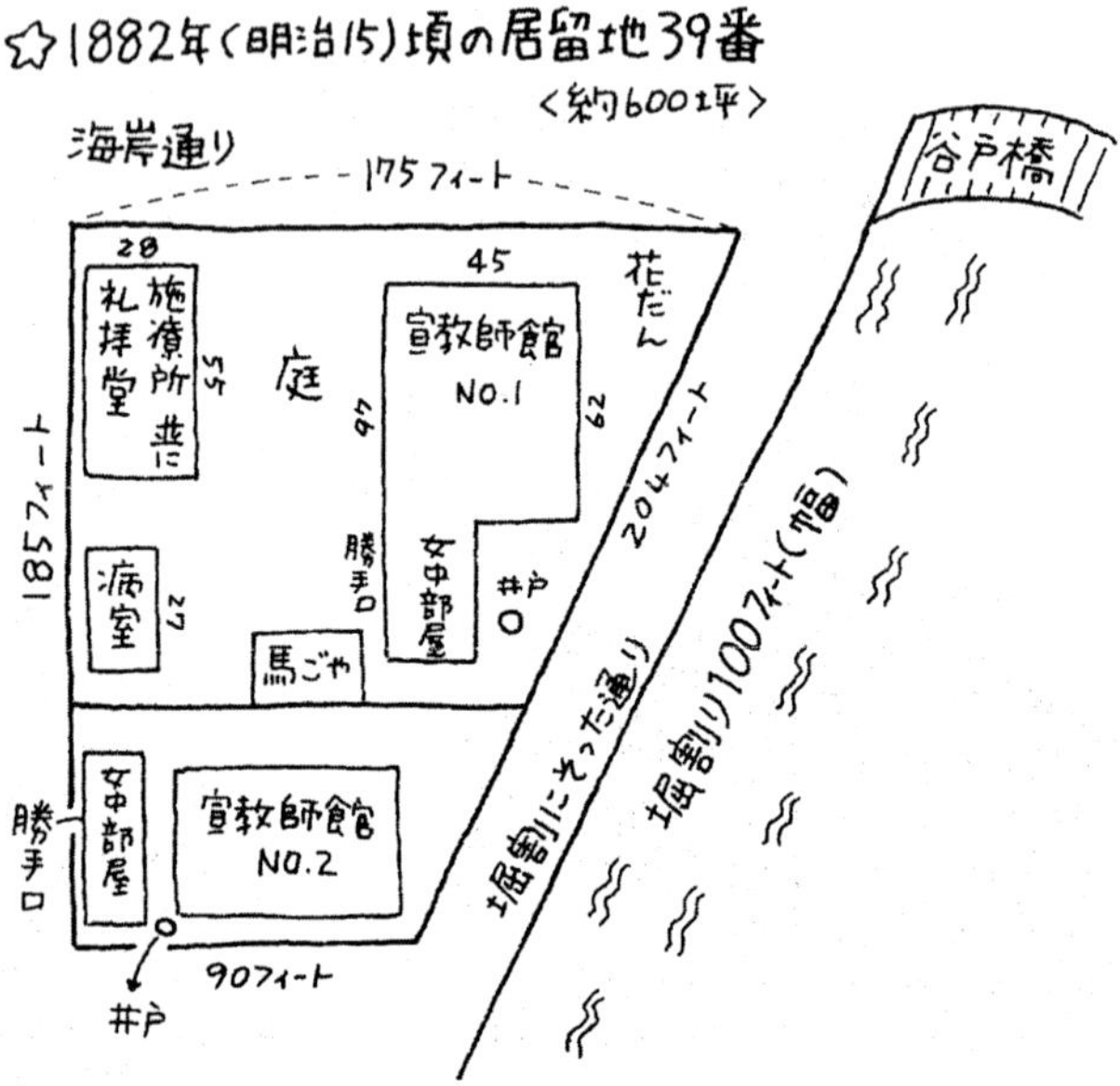
☆1882年（明治15）頃の居留地39番
<約600坪>
海岸通り
175フィート
谷戸橋
28
45
施療所 並に 礼拝堂
55
庭
宣教師館 NO.1
97
62
花だん
204フィート
185フィート
病室
27
勝手口
女中部屋
井戸
馬ごや
堀割にそった通り
堀割り100フィート（幅）
女中部屋
宣教師館 NO.2
勝手口
90フィート
井戸

かねてから外国人の身を守るためと称して、長崎の出島のようなものを横浜に作り、彼らを一箇所にまとめてしまいたいと計画していた幕府は、それを実行に移すことにしました。

そのころの横浜村は、湿地帯に囲まれた人口五百人くらいの一寒村でした。

一八六〇年、湿地帯を埋め立て、まわりを堀で囲み、居留地（外国人町）と日本人町に分けました。ヘボンはこの居留地の建設委員に選ばれ、自ら土地を測量し、地所を設定しています。そして居留地三十九番地を自分の住居として買いました。掘り割りには橋をかけ、そこに関門（奉行所）を配し、不審な人間を取り締まりました。

こうしてできた開港場は関門の内側なので「関内《かんない》」と呼ばれるようになり、今でもJR関内駅としてその名をとどめています。

＊

開港場は商業の町として急速に発展していきました。

横浜には欧米諸国から貿易商人がやって来て、日本人が今まで見たこともないような品物や機械など西欧の文化が波のように押し寄せてきました。

若き日の福沢諭吉（慶応義塾大学の創設者）は数年にわたり蘭学を学んでいたので、自分の語学力を試すいい機会だと、横浜見物に出かけました。しかし、「ビンのラベル、看板などさっぱり読めない。どうもこれは英語に違いない。洋学者としてこれからは英語を知らなければならない」とオランダ語をすっぱりやめ、次の日から一切万事英語と覚悟をきめたということです。

居留地は各国の領事館や商社などの立派な洋館が立ち並び、外国の生活習慣がそのまま持ちこまれたのですから、当時の日本人には何から何までめずらしいものばかりだったことでしょう。

当時、江戸や近隣からたくさんの人が横浜見物に訪れたといいます。

横浜には「もののはじめ」がたくさんあります。パン、新聞、灯台、人力車、テニス、マッチ、波止場、ガス灯、公園、自転車、などまだまだありますが、みんな横浜から初めて日本に入ってきました。

ヘボンが直接かかわったものとしては、和英辞書、西洋目薬、義足、気象観測、聖書和訳、ミッション・スクールと女子教育、プロテスタントの教会などがあります。

その中から、まずは「西洋目薬」と「義足」のエピソードを次に挙げてみましょう。

日本初の西洋目薬「精錡《き》水」

ヘボン直伝の目薬で成功した劉生の父・岸田吟香。

ヘボンの患者のひとりに岸田吟香《ぎんこう》という人がいます。

美作国《みまさか》（岡山県）の出身の吟香は、儒学、漢学、蘭学を学んでいて、知識人とも交流があったようですが、このころは、浪人生活をしていました。

吟香は眼病をわずらった時、人に紹介されてヘボンの施療所を訪ねました。一八六四年のことです。その時の様子が『ヘボン博士のカクテルパーティ』（内藤誠著、講談社）には次のように書かれています。

「ドクトル・ヘボンに会ったとたん、吟香は先生が『君子の風あるに感じ』、ひまを見つけてそのご高説をうけたまわりたいと申し出た。ヘボンも快くこれを受けいれ、ふた

☆岸田 吟香《ぎんこう》
(1833-1905)
岡山県出身の武士。
ヘボンの辞書「和英語林集成」編集に協力する。
1875年銀座2丁目に薬善堂を開き、ヘボン直伝の目薬精錡水を販売する。
四男は岸田劉生。

りはヘボンの書斎で話しこんだまま、いつのまにか日本の言語・文学のことにおよんでいた。
ヘボンはたちまち吟香の和漢学に対する深い教養を見抜き、自分がすすめていた和英対訳辞書の助手としてやとうことにした。」

吟香の眼病は一週間ほどで完治しましたが、ヘボンが来日以来、日本語を集めコツコツ研究して作った和英辞書の印刷を手伝うため、上海までお供することになりました。

このことには三章で詳しくふれますが、吟香の上海滞在中の日記にこんなおもしろい文章が残っています。

「慶応三年三月二十一日和英字書のうちへいれる為に日本の仮名、万葉仮名、カタカナ、ひらがな、いろはの仮名字五体の板下をかく。……二十三日けふヘボン、対訳辞書(デクシヨネリ)にあたらしく名をつけてくだされ、ほんのとびらがみにかくやうに、よい名を、といふから和英詞林集成とつける。……もうぢきかへるんだ。うれしいネ。……二十五日雨ふる。和英語林集成のとびらがみのはんしたをかく。雙鉤《そうこう》でかいたがよくできた。詞の字を語に改めて、いちりんねあげをした。へぼん、だら（ドル・著者注）五十枚をくれる。これまで久しくほねを折って、此ほんを手伝て、こしらへたから、おれいにくれたるなり。」

ユーモアもあり、多才だった吟香は、アメリカから小蒸気船を買い、江戸・横浜間に定期船を走らせたり、新聞を創刊したり、当時めずらしかった氷を北海道から取りよせ販売したり、台湾との戦争に従軍記者として参加したりしましたが、どれもうまくいかず、唯一、ヘボン直伝の目薬、精錡《き》水だけは、日本全国はおろか、上海にまで売れ、相当な資産をたくわえることができたといいます。

気のいい吟香は、このお金を日中の文化交流や盲学校の開設などに使っています。

吟香は受洗はしませんでしたが、亡くなる前に、葬儀はキリスト教で行うよう遺言しており、その言葉どおり、式は教会で執り行われました。七十三歳でした。吟香は十四人の子どもに恵まれ、四男は「麗子像」で有名な画家の岸田劉生《りゅうせい》です。

劉生は熱心なクリスチャンになり、教会学校の先生もしました。

『劉生日記』には「神よ守り給え」とか「神よ感謝します」の文字がしばしば出てきます。

かぶき役者と日本初の義足

片足切断の大手術ができるのはヘボン先生しかいない！

ヘボンの名を日本全国に広めることになったのは、当時のかぶき役者・沢村田之助《たのすけ》に施した手術でした。

田之助は一八四五年江戸に生まれ、十六歳で立女形《たておやま》となり、その名女形ぶりは江戸の若い娘たちを熱狂させていました。田之助まげ、田之助襟、田之助下駄など「田之助ブランド」商品が飛ぶように売れていました。

当時売れっ子作者だった河竹黙阿弥《もくあみ》は、田之助にねだられ、有名な「切られお富」「笠森おせん」などの台本を書いています。

一八六五年、田之助は舞台のセットから落下するという事故にあいました。右足を負傷しましたが、治療もせず無理を重ねているうちに壊疽《えそ》になってしまいました。壊疽とは、体の一部が腐敗菌のために腐ってしまう怖い病気です。

日本人の医者は、「右足切断しかないが、この難しい手術ができるのは横浜にいるヘボン先生しかいない」との診断を下しました。紹介したのは、ヘボンと親しく交流していた佐藤泰然（順天堂病院の祖）です。

澤村田之助横濱で有名なる
米国の大医ヘボン氏に療治を
乞ひ右の足を股から切断せし八
明治二年の夏の末にて時に
廿五歳なり

☆このような錦絵《にしきえ》によってヘボンは日本中に知られた。
（模写による）

ヘボンは田之助に全身麻酔をかけ、右膝の上三センチのあたりから切断する大手術を行います。手術は成功しました。

傷口がいえた田之助は松葉杖で舞台に立つと言います。これを聞いたヘボンは、アメリカからゴム製の義足を取り寄せることにしました。

日本で初めての義足です。義足をつけた田之助は、横浜関内の下田座でお礼興行をしてヤンヤの喝采を浴びました。

ヘボンと田之助の義足の話題は世間の注目を集め、当時のかわら版や錦絵によって、日本国中の人が「名医、平文先生」を知るようになったということです。

巷《ちまた》では、こんな歌がはやりました。

「ヘボンさんでも草津の湯でも恋のやまいはなおらせぬ。」

「草津」が「有馬」になったりと、違うバージョンもあったようですが、要は、ヘボンに治せないのは恋のやまいくらいだというのです。

このようにヘボンの治療は、当時の日本には画期的なもので、患者はますます多くなりました。ヘボンが教えた医学生の中からは、日本で初めての医学博士・三宅秀も誕生しています。

一八七九年、六十四歳のヘボンは、自分の健康のためと、日本にも医者が増えてきたことを考え、十八年間続いた施療所を閉鎖することにしました。ヘボンによると、「この年月、約六千人から一万人の患者を診察し、処方箋を書いた」と謙遜していますが、実際には数十万人の治療をしたといわれています。

このあとヘボンは、施療のかたわら進めていた聖書の日本語訳に没頭していくのです。

第3章 Chapter 3 和英辞書と聖書の和訳

日本語の辞書を編集することによって
日本語を研究しているのです。
日本字で書いてあるやさしい書物をいくらか読んでおります。
そして聖書を日本語に訳しはじめることのできる日が
一日も早く来ることを望んでおります。

（『ヘボン書簡集』より）

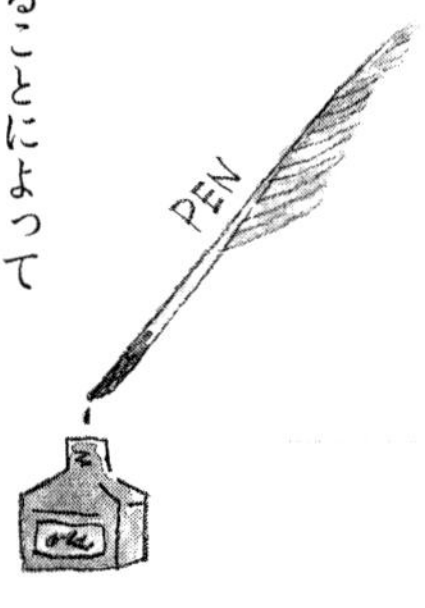

日本語を集める

同じ漢字を使っているのに構造がまったく違う日本語と中国語。

コラ
アブナイ
シカタガナイ

☆ヘボンが初めて覚えた日本語

こわれそうな家のそばを歩いていた時のこと。

ヘボンはラテン語、ギリシャ語、ヘブル語、マレー語、中国語と、実に多くの言語を習得していましたが、日本語は初めての言語でした。

実際日本に住んでみると、日本語は予想していたよりもはるかに難しい言語だったようです。

英米人が参考にできるような総括的な日本語の国語辞書がなく、そこから切り開いていかなければならず、結局ヘボンは自分自身ですべてをやり遂げる覚悟をしました。

庫裡に住んでいたS・R・ブラウンは毎日、本堂ヘボンへやって来て、ヘボンとともに日本語の解明に夢中になります。ヘボンとブラウンは中国宣教をしていた時に出会った仲なので、中国語は理解できますが、同じ漢字が使われていても日本語には相当手を焼い

☆日本語の研究をする
茶ノ間・江ノ島の"ノ"は所有の"of"だろうね。
ヘボンさん! みつけましたよ! みつけました!
「でしょう」「ましょう」の"ジョウ"というのが動詞の未来形なんだ!!
何をです?
ヘボン博士
S.R.ブラウン博士

たようです。

「両国で共通しているのは漢字だけなのだ。日本語は中国語とまったく構造が違うし、語彙《ごい》が厖大《ぼうだい》で、ずっと複雑なむずかしい言語らしい。日本人は、昔中国からはいった言語をすっかり日本化して使っている」というのが彼らの分析です。

ヘボンは、和英辞書作り、ブラウンは日英会話の本作りを目指します。

日本語の教師を雇って教えてもらおうとしましたが、はじめのうち幕府は宣教師に対して懐疑的で、日本語教師としてスパイを差し向けて様子を探らせたりしていました。

当時の日本人には、何千キロも離れたアメリカが莫大な費用をかけて医者や宣教師を派遣したり、無料で病気を治してくれたりする動機が理解できなかったのです。何か目的があるに違いないと疑っていました。

＊

独学で日本語の研究をしなければならないヘボンは、ある時いい言葉を見つけました。「コレハ、ナンデスカ」です。以後、ヘボンは常に手帳を持ち歩き、施療所に来る患者、散歩で出会った人々、西洋医学を学びに来る青年たち、役人などにこれを連発しました。また、身振り手振りで意志を伝えたり、物を指さしたりしながら、少しずつ単語や熟語を聞き取り、日本語を集める作業を始めます。

日本人の書いた本を何百冊も読みました。『源平盛衰記』『平家物語』などの古典作品はヘボンの愛読書となりました。また、大衆向けの低俗で不道徳な本も、あえて手に取り読んではみますが、不快のあまり何度も投げ出したくなったようです。

そのうち、ヘボンに最初の日本人の教師が見つかりました。教育もあり、行儀作法も心得た二十八歳のヤゴロウという向学心旺盛な医学生でした。役人の目をはばかって、下男に変装してやって来ました。

一方ブラウンは、江戸の米領事館で安息日《あんそくにち》礼拝を執り行った関係で、ハリスに交渉してもらい、針医者・矢野隆山《りゅうざん》（元隆とも言う）を日本語教師として雇うことになります。あとで詳しくふれますが、矢野隆山は数年後、日本人で最初のプロテスタント信者として洗礼を受けます。キリスト教禁制の高札撤去より八年も前のことでした。

和英辞書をつくる

『和英語林集成』人手を経るごとに高くなった！

ヘボンはこのようにして日本のことばを集め、一冊の和英辞書を編纂《へんさん》します。ローマ字で日本語の見出しを書き、それに片仮名と漢字の表記をし、英語で説明を加えるかたちで約三万語を集め、まとめました。

ヘボンはさっそく、米国長老ミッションに印刷出版の費用を出してくれるようにと願うのですが、その返事は「辞書編纂は宣教に直接関係ないから出せない」というものでした。そのころアメリカは五年にわたる南北戦争が続いていて、経済的に逼迫《ひっぱく》している状況でした。本国からの援助が得られなかったヘボンは、居留地の英米人や理解ある日本人に協力を願いますが、日本は尊皇攘夷の動乱のまっただ中で、もし外国人に協力でもしたら殺されかねない世の中でした。

そんな中、横浜で一番のアメリカの貿易商社ウォルシ・ホール社のウォルシ氏が、辞書の印刷出版費用を無利子・無期限で立て替えてくれることになりました。

印刷する段になると、日本にはまだ活字の印刷技術がなかったので、ヘボンは前述の吟香を伴い、上海に渡ります。上海には長老派伝道出版部の印刷所美華書院があり、こ

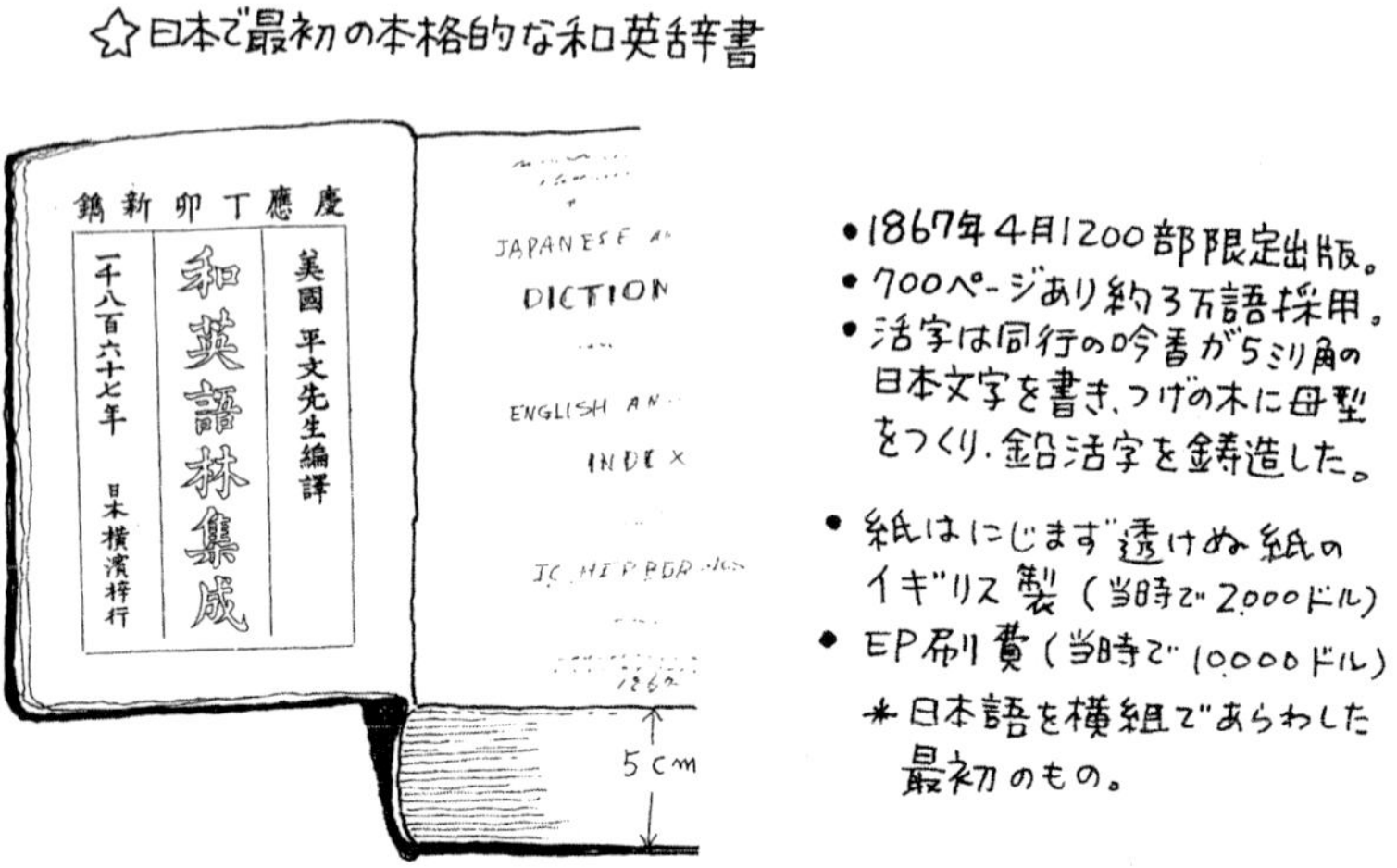
☆日本で最初の本格的な和英辞書
慶應丁卯新鐫
和英語林集成
美國 平文先生編譯
一千八百六十七年
日本横濱梓行
JAPANESE
DICTION
ENGLISH
INDEX
5cm
・1867年4月1200部限定出版。
・700ページあり約3万語採用。
・活字は同行の吟香が5ミリ角の日本文字を書き、つげの木に母型をつくり、鉛活字を鋳造した。
・紙はにじまず透けぬ紙のイギリス製（当時で2,000ドル）
・印刷費（当時で10,000ドル）
＊日本語を横組であらわした最初のもの。

こで数ヵ月かけて校正をしながら印刷を見守りました。

こうして七年七ヵ月という歳月をかけ、日本で初めての和英辞書が出版されました。一八六七年のことです。

『和英語林集成』が上海で印刷されている間、日本では前評判も上々で、人々は辞書の完成を楽しみに待っていました。しかし、英語を学ぶためにはヘボンの辞書が唯一の助けという学生にとって、その代価はあまりに高いものでした。何しろ一冊十八両！　横浜の兵学塾の食費込みの月謝が二両という時代です。

ヘボンは自分が利益を得ることは全然考えておらず、ただ出版経費の支払いをできるようにすることだけしか頭になかったのですが――。

あまりの高さに辞書がなかなか売れず、ヘボンの家でもやりくりがままならなくなりかけた時、一人の武士がヘボン邸を訪れ、一度に三十冊を買って行きました。藩名は名乗りませんでしたが、これが諸藩の耳に入るところとなり、各藩が競って買いに来る状況が続きました。『和英語林集成』は入手を経るごとに高値がつき、一冊六十両で取り引きされるまでになったということです。大政奉還を目前にし、末期にさしかかっていた徳川幕府も、三百冊買いに来ました。

この年の十月、最後の将軍徳川慶喜は、政権を朝廷に返し、引退しました。徳川家のあとをまかされた勝海舟は、国中が混乱に陥ることを恐れ、新政府の樹立を認めます。一八六八年、新政府は年号を「明治」とし、江戸を「東京」と改め、首都にします。世が明治になってもこの高価な辞書は売れ続け、明治五年に第二版、明治十九年に第三版が出版されます。この三版からヘボンはその版権を、親しくしていた書籍と薬の商店・丸屋善八こと丸善に、本人の申し出により二千ドルで譲りました。ヘボンは、初代総理に推された明治学院の創立時に、この二千ドルをそっくり寄付し、これによって明治学院にヘボン館が建てられたということです。

「ヘボンよ永遠なれ」
フランス人画家ビゴーは明治15年来日。ヘボンをたたえ明治24年雑誌“ポタン・ドヨコ”に描いたもの。

この偉大な辞書は、宣教師の日本語学習、明治時代の学生の英語学習、外国商人の商品説明などを助け、何よりヘボンの最初の目的であった聖書の日本語訳に大いに役立つことになります。

『和英語林集成』は九版を重ねますが、三版から用いられたローマ字はヘボンの名を入れ「ヘボン式ローマ字」と呼ばれるようになりました。このヘボン式ローマ字によって、日本語が世界各国の人に発音可能になったのです。

それ以後に出版されたフランス語、ドイツ語、イタリア語、オランダ語、ロシア語の辞書で、ヘボンのこの辞書を参考にしないものはなかったといいます。

「博士の著した『和英語林集成』は、東洋と西洋の間に閉ざされていた門戸を開ける『黄金の鍵』となった」（『ヘボン―同時代人の見た―』）のです。

聖書の和訳

人間の不幸に対する唯一の万能薬は福音です。

来日したプロテスタントの初代宣教師たちは、聖書を一刻も早く日本語に翻訳する必要を感じていました。

医者であるヘボンは日本人の寿命が短い理由として、「この国民ほど肉慾の罪に耽《ふ》けって恥じない国民をみたことがありません。彼らの罪悪はその健康を害し、病毒におか

されて死亡を早め、よし死なないまでも婦人やその子供たちは遺伝的に虚弱な身体と梅毒や結核などの病気に犯されているのです」と憂慮し、日本の状況は、肉体的にも道徳的にも社会的にも、数世紀以前より後退していると見ています。そして、「日本人にとって一番必要なものは福音なのです。これが人間の不幸に対する唯一の万能薬なのです」と結論づけています。

　ブラウンも、次のように思っていました。

「なんとかして、一日でも早く日本人の手に聖書を持たせたいものです。聖書こそ悪魔にたちむかう最上の武器でありますから。」

　日本語訳の聖書として残っている

最も古いものは、ヘボンがシンガポールで手に入れ、来日する時の船中で学んだギュッラフ訳で、有名な「カシコイモノゴザル……」で始まるヨハネの福音書です。この貴重な聖書を、ヘボンは「これは生命のみ言葉を日本語に訳した最初の努力の結晶であることは疑う余地がない。翻訳そのものは完全とは言い難く、間違いも多いが、全てのキリスト教徒によって高く評価されるにふさわしいものである」と評しています。

ヘボンとブラウンは、「聖書は神聖な書であると同時に老若男女、字の読めない者にとっても暗唱できるもの。ジェームス王欽《きん》定《てい》訳の英語の聖書のように簡素で香り高く魂の糧となるものを」と考

☆ジョナサン・ゴーブル
（1827－1896）
米国バプテスト教会宣教師。非行少年時代をすごし、1854年ペリー艦隊乗組員として来日。帰米後神学を学び、1860年再来日。1871年横浜にて日本初の和訳聖書「摩太《マタイ》福音書」を出版。1879年より聖書販売伝道者として日本各地を旅する。1883年帰米。妻と娘は横浜外人墓地に眠る。

☆デビッド・タムソン
（1835－1915）
米国長老教会宣教師。1863年来日し、横浜英学所、大学南校（現東大）、和歌山藩にて、英語、数学、西洋の国政、憲法などを教える。1871年欧米使節団の案内役として同行する。ヘボンと聖書和訳につとめる。37年間滞在し80歳で東京染井墓地に眠る。

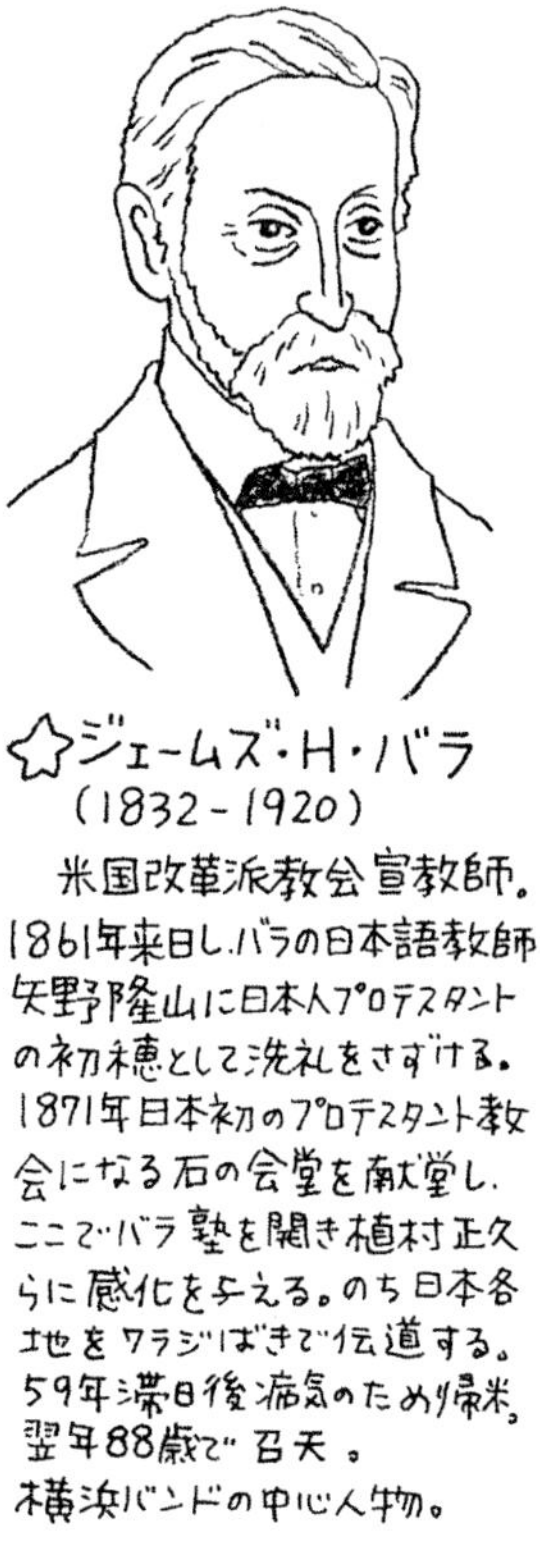
☆ジェームズ・H・バラ
(1832-1920)
米国改革派教会宣教師。
1861年来日し、バラの日本語教師
矢野隆山に日本人プロテスタント
の初穂として洗礼をさずける。
1871年日本初のプロテスタント教
会になる石の会堂を献堂し、
ここでバラ塾を開き植村正久
らに感化を与える。のち日本各
地をワラジばきで伝道する。
59年滞日後病気のため帰米。
翌年88歳で召天。
横浜バンドの中心人物。

えていました。

そのころの日本語は、文語体に口語体、男言葉に女言葉、武士言葉に町人言葉、身分の上下による言葉の違い、さらに方言などがあって、誰にでも通用する共通のことばというものがありませんでした。

漢文の聖書を持っていて、スラスラ読める者もいましたが、それはたいていは武士階級の教養ある人たちで、その数は日本の人口の五十分の一くらいだったといいます。

バプテスト派の宣教師ゴーブルは、仮名だけで「摩太《マタイ》福音書」を訳していました。

ヘボンは、仮名だけの聖書について日本人の助手や医学生に相談してみると、彼らは、「仮名は女のもの」「男子たるものが、仮名文聖書などは、はずかしくて持てぬ」と言います。

ヘボンとブラウンは漢学に優れている日本人教師とともに、まずは漢文聖書を和訳することにし、漢字を点在させ、ふりがなをつけることに決め、「馬可《マルコ》伝」「約翰《ヨハネ》伝」の翻訳を始めました。

☆J・ゴーブル訳和とじ「摩太福音書」1871年出版。

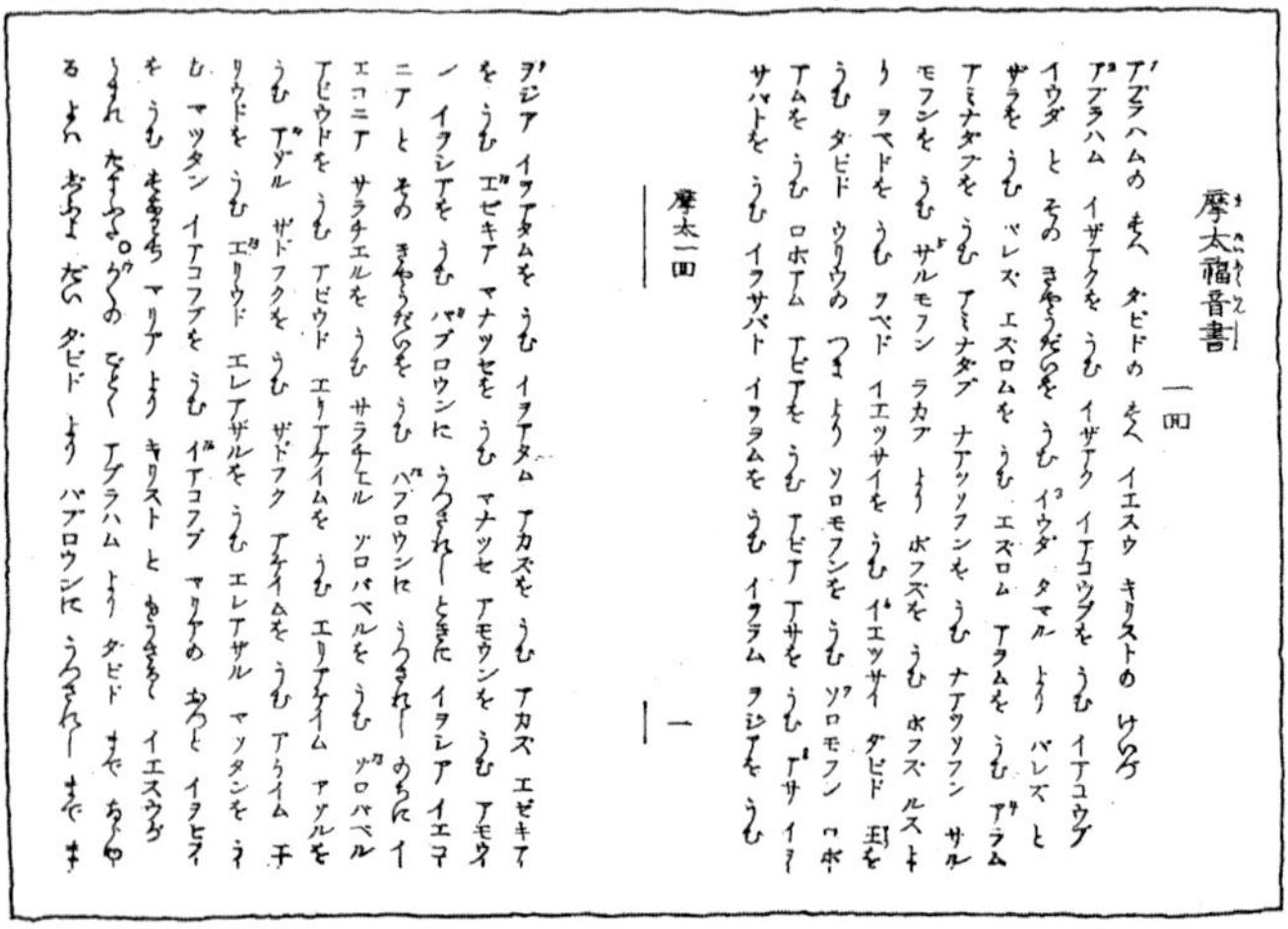
摩太福音書

一回

アブラハムの もこ ダビドの もこ イエスウ キリストの けいづ
アブラハム イザアクを うむ イザアク イアコウブを うむ イアコウブ
イウダ と その きやうだいのを うむ イウダ タマル より パレズ と
ザラを うむ パレズ エズロムを うむ エズロム アラムを うむ アラム
アミナダブを うむ アミナダブ ナアツソフンを うむ ナアツソフン サル
モフンを うむ サルモフン ラカブ より ボフズを うむ ボフズ ルス よ
り ヲベドを うむ ヲベド イエツサイを うむ イエツサイ ダビド 王を
うむ ダビド ウリウの つま より ソロモフンを うむ ソロモフン ロボ
アムを うむ ロボアム アビアを うむ アビア アサを うむ アサ イヲ
サバトを うむ イヲサバト イヲラムを うむ イヲラム ヲジアを うむ

摩太一回　一

ヲジア イヲアタムを うむ イヲアタム アカズを うむ アカズ エゼキア
を うむ エゼキア マナツセを うむ マナツセ アモウンを うむ アモウ
ン イヲシアを うむ バブロウンに うつされし ときに イヲシア イエコ
ニア と その きやうだいのを うむ バブロウンに うつされし のちに イ
エコニア サラチエルを うむ サラチエル ゾロバベルを うむ ゾロバベル
アビウドを うむ アビウド エリアケイムを うむ エリアケイム アゾルを
うむ アゾル ザドフクを うむ ザドフク アケイムを うむ アケイム エ
リウドを うむ エリウド エレアザルを うむ エレアザル マツタンを う
む マツタン イアコフブを うむ イアコフブ マリアの おつと イヲセフ
を うむ をつとの マリア より キリスト と もうさるる イエスウが
うまれ たまふ。ぐの ひとく アブラハム より ダビド まで あいだ
る よん おふよ だい ダビド より バブロウンに うつされし まで ま

＊

四つの福音書を翻訳する仕事には、横浜にいるジェームス・バラ夫妻（米国改革派宣教師）とタムソン（米国長老派宣教師）も携わりました。

各自聖書の部分訳ができあがると、お互いに翻訳文を比較・批評・改訂し、会議の上で一つの標準的な翻訳文を決定するという作業を延々と続けました。何度も何度も改訂する根気のいる仕事でした。

福音書が終わると、さらに新約聖書のいくつかの書と旧約聖書の創世記も翻訳し始めました。

一八六六年秋、横浜は大火に見舞われ、バラの家が全焼し、次の年はブラウンの家も火災によって全焼し、苦労して翻訳した原稿も焼失してしまいました。運よく、日本人の友人に読みたいとせがまれて貸してあった「馬太伝《マタイ》」と「馬可伝」だけが助かりました。

家を失ったブラウンは一時帰米しますが、一八六九年、今度は新潟の英語教師として、

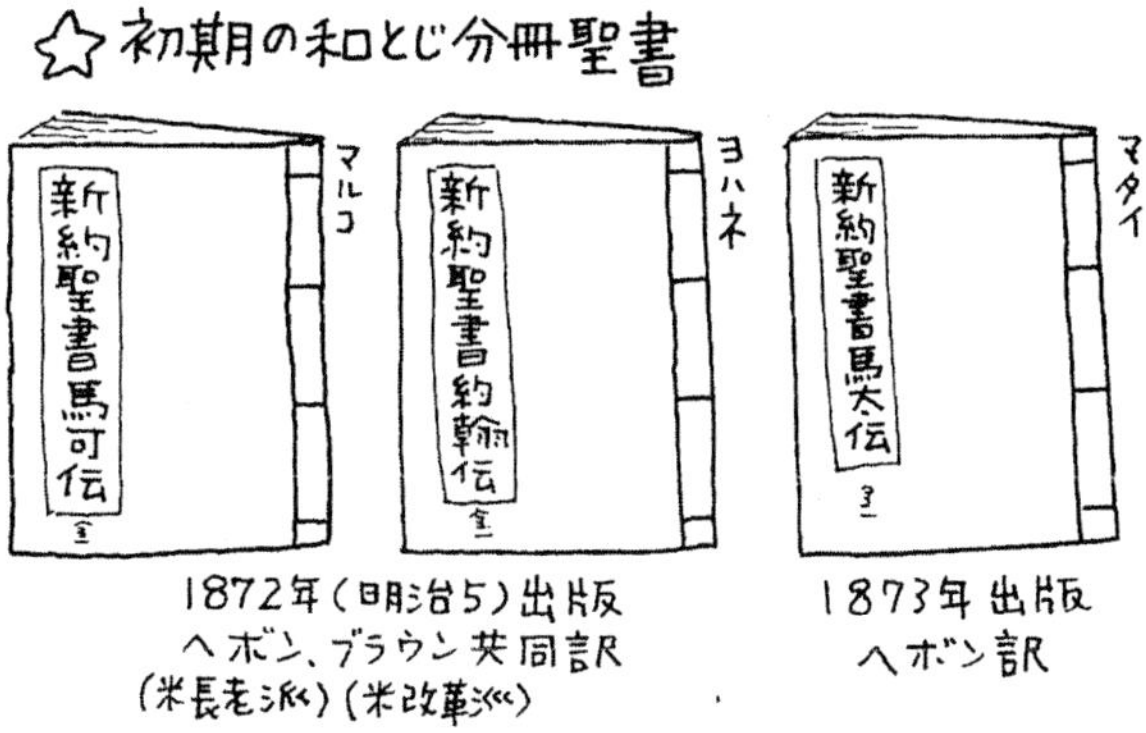
☆初期の和とじ分冊聖書
新約聖書馬可伝 全
マルコ
新約聖書約翰伝 全
ヨハネ
新約聖書馬太伝 三
マタイ
1872年（明治5）出版
ヘボン、ブラウン共同訳
（米長老派）（米改革派）
1873年出版
ヘボン訳

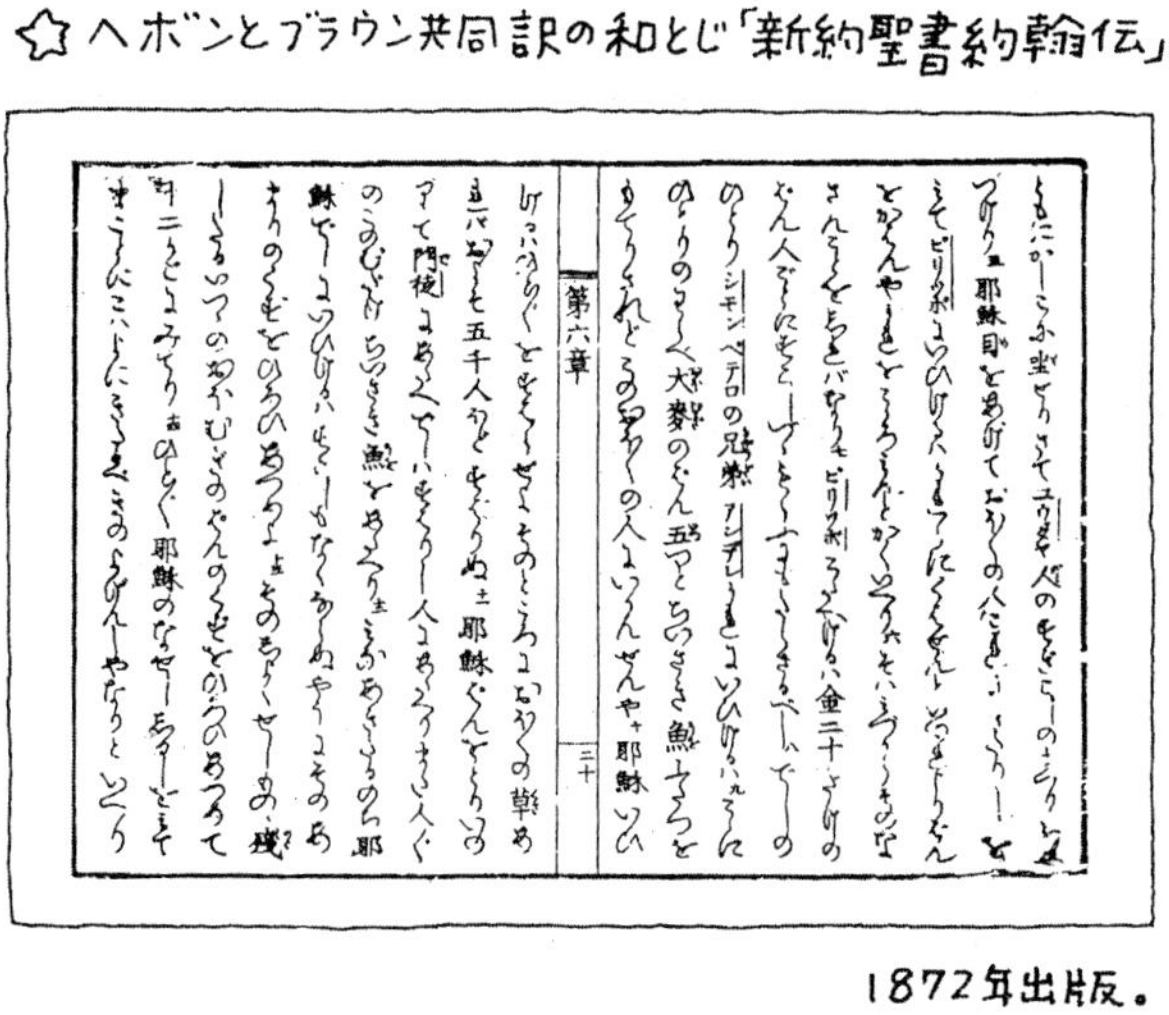
☆ヘボンとブラウン共同訳の和とじ「新約聖書約翰伝」
第六章
1872年出版。

のちにフェリス女学院の創設者になるメアリー・エディ・キダーを伴い再来日します。

一年足らずで新潟から横浜に戻って英学所の教師となったブラウンは、再びヘボンと福音書の翻訳ができることを喜びました。

ヘボンとブラウンの共同訳「新約聖書約翰伝」「新約聖書馬可伝」、ヘボン訳の「新約聖書馬太伝」は、木版印刷で一八七二年、一八七三年と相次いで出版されました。まだキリスト教禁制の中でしたが、日本人に歓迎され、横浜はもちろんのこと神戸、長崎へも運ばれました。一千冊印刷された初版はすぐ売り切れました。

この木版刷り和とじ本を作るにあたって、ヘボンの日本

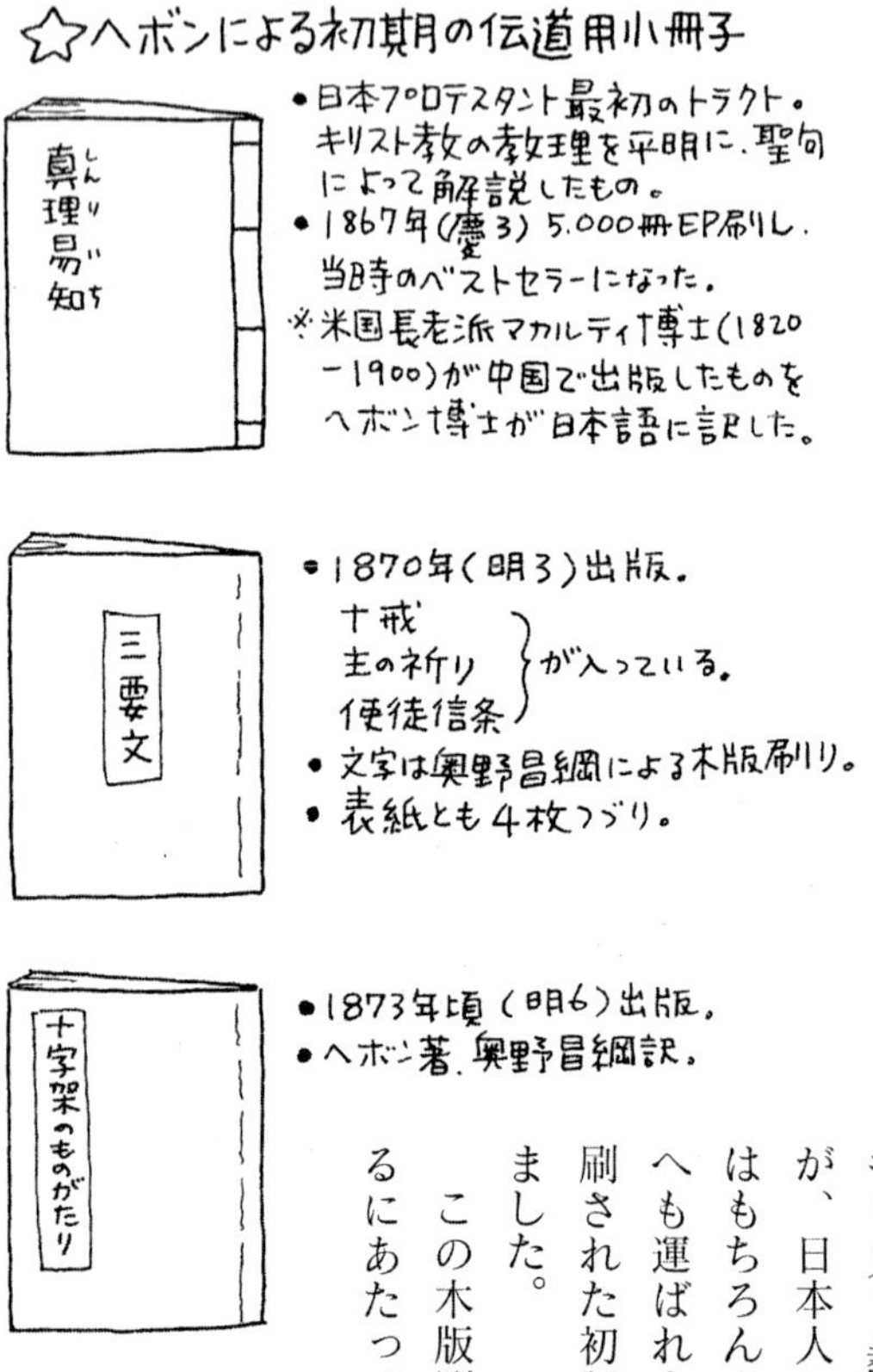
☆ヘボンによる初期の伝道用小冊子
真理易知《しんりいち》
・日本プロテスタント最初のトラクト。キリスト教の教理を平明に、聖句によって解説したもの。
・1867年(慶3) 5,000冊印刷し、当時のベストセラーになった。
※米国長老派マカルティ博士(1820-1900)が中国で出版したものをヘボン博士が日本語に訳した。
三要文
・1870年(明3)出版。
十戒
主の祈り
使徒信条
が入っている。
・文字は奥野昌綱による木版刷り。
・表紙とも4枚つづり。
十字架のものがたり
・1873年頃(明6)出版。
・ヘボン著、奥野昌綱訳。

語教師・奥野昌綱が大いに活躍しています。『和英語林集成』を作った時の話でもふれましたが、日本にはまだ活字印刷の技術がなく、木版印刷に頼るしかありませんでした。版下文字は書に秀でた奥野が書きましたが、版木を彫ったり、刷ったりする職人を捜さなければなりません。

禁教の時代なので「ヤソの書」と聞くと、職人はみな恐れをなし、首を横に振るばかりでした。奥野は横浜住吉町の稲葉という版木師を説得し、もし役人に知れた場合は自分が牢屋に入ると証文を書き与え、やっと五人の職人をみつけました。木版だと、版木の摩滅を考慮に入れても、八千冊から一万冊は印刷できたそうです。

福音書の製作は東京、ヘボン邸、ブラウン邸で続けられ、六ヵ月ほどかけて完成しました。

苦労して出版にこぎつけたこの木版刷り和とじ分冊聖書は、ヘボンの「真理易知」「三要文」などのトラクトとともに、横浜、東京はもとより、各地にいる宣教師によって神戸、長崎へと広がっていきました。

第一回宣教師会議

在日プロテスタントの宣教師たちが、日本のために決めた三本の柱。

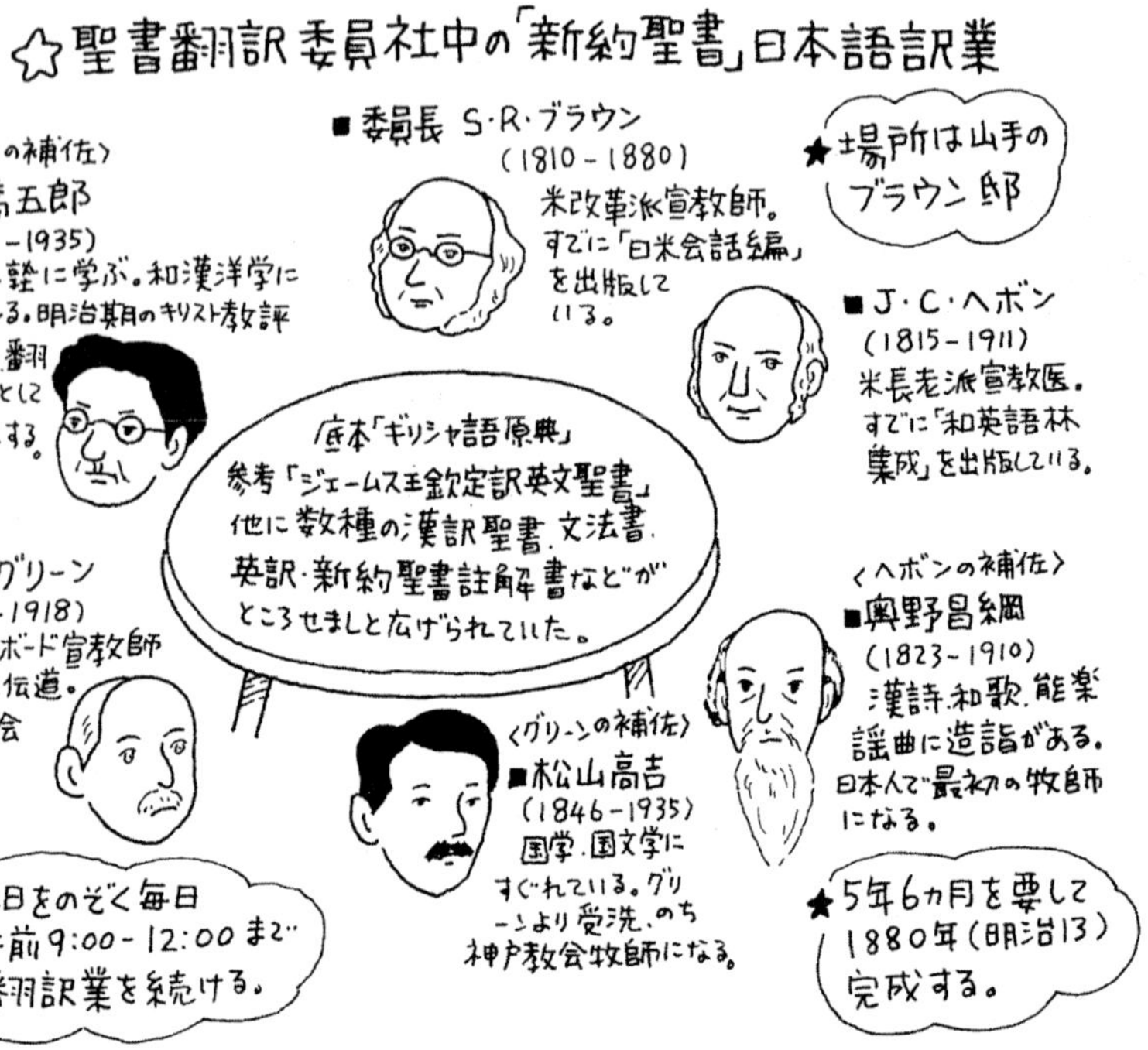
☆聖書翻訳委員社中の「新約聖書」日本語訳業
■委員長 S・R・ブラウン
(1810－1880)
米改革派宣教師。
すでに「日米会話編」を出版している。
★場所は山手のブラウン邸
〈ブラウンの補佐〉
■高橋五郎
(1856－1935)

ブラウン塾に学ぶ。和漢洋学にすぐれる。明治期のキリスト教評論家、翻訳家として活やくする。
■J・C・ヘボン
(1815－1911)

米長老派宣教医。

すでに「和英語林集成」を出版している。

底本「ギリシャ語原典」

参考「ジェームス王欽定訳英文聖書」

他に数種の漢訳聖書、文法書、英訳・新約聖書註解書などがところせましと広げられていた。
■D・C・グリーン
(1843－1918)
アメリカン・ボード宣教師
神戸にて伝道。
神戸教会設立。
〈ヘボンの補佐〉
■奥野昌綱
(1823－1910)

漢詩、和歌、能楽謡曲に造詣がある。

日本人で最初刀の牧師になる。

〈グリーンの補佐〉
■松山高吉
(1846－1935)

国学、国文学にすぐれている。グリーンより受洗、のち神戸教会牧師になる。
★土日をのぞく毎日
午前9:00－12:00まで
翻訳業を続ける。
★5年6ヵ月を要して
1880年(明治13)
完成する。

ヘボンとブラウンは、各教派が別々に聖書和訳という大変な労力と忍耐のいる仕事に時間を費やすのは、それまでの経験から、無駄だと考えました。イエス・キリストを愛する者は心を一つにしてその土台をすえ、分派によって異教徒を迷わすことのないように、聖書の個人訳はなるべく避けて、各派合同で翻訳事業にあたるべきと考えたのです。

　ヘボンもブラウンも、十数年かけて和英の辞書と日英会話集の作成、聖書和訳をやってきて、日本語がいかに難しいか、身をもって知っていたからでしょう。

日本在住の全部のプロテスタント宣教師に連絡し、第一回在日プロテスタント宣教師会議が、一八七二年、谷戸橋ぎわのヘボン邸において開かれました。英米の聖公会の宣教師三人を除き、日本各地から在日のプロテスタント宣教師の代表が列席しました。ここには婦人宣教師たちや、宣教師の妻たちも含まれています。そして次の三点の重要項目が決議されました。

一、聖書翻訳の共同委員制
二、教派によらざる日本基督公会の徹底
三、神学教育の一致

この会議の議長であったブラウンは、その時の様子を、

「会議でこの決議がきまったとき議場にあふれていた全き一致の精神に対して、一同は歓喜と神への感謝に満ちていたので、しばらくは、議事を進めずに、まず、いと高きにいます神に感謝の祈りをささげました。ここでは、同労者が全き一致の精神に団結しました。むろん見解の違いはありましたが、それは、ただ見解の違いであって、お互いに分離するような事ではありませんでした。見解と行動との調和を許ろうとする、一つの共通の願いがあり、そしてそれは達成されたのです」と語り、「神よ願わくは、日本

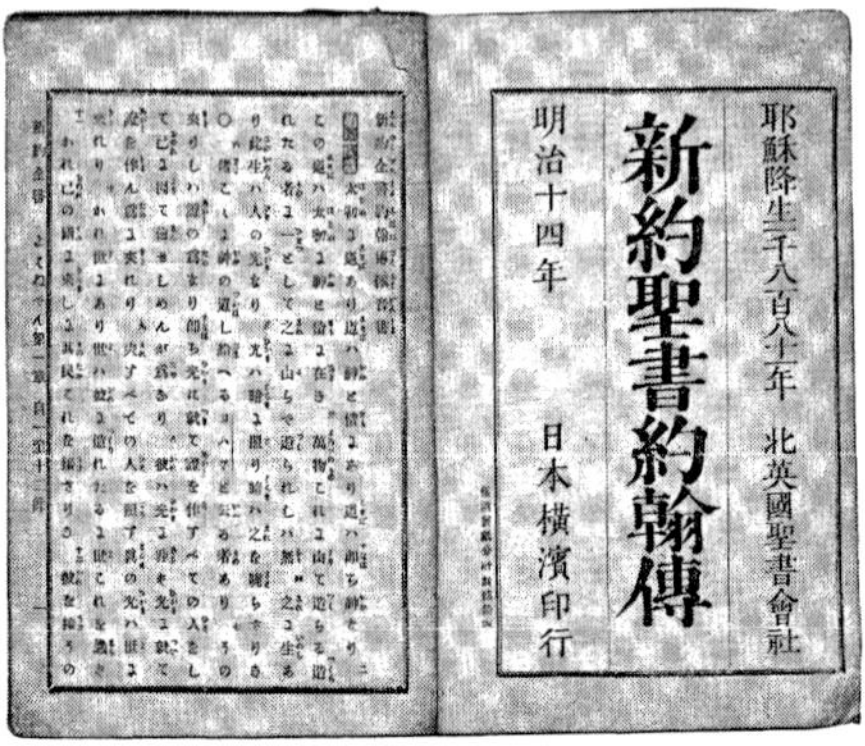

活版印刷による「ヨハネ伝」

におけるキリスト教の発達に関心をもつ者をして、同一なる公会の精神と統一した目的とに結合させて、キリスト教国における教会の美をはばむ分派をば、できるかぎり、この国から排除せられんことを」と、祈りをささげています。

その一年後の一八七三年、キリシタン禁制の高札がついにはずされ、日本での宣教が許されると、各国からキリスト教各派の宣教師が続々と来日し、各地に散らばって活動し始めました。それまで、各派の宣教師を合わせても三十一名だったのが、一八七三年の一年間だけで二十九名の宣教師が来日し、一挙に二倍になりました。

ヘボン、ブラウン、グリーンらは、ブラウンを委員長に「聖書翻訳委員社中」を結成し、一八七四年に最初の会議を開きました。

翻訳の参考にした聖書は、ギリシャ語聖書、キング・ジェームスの欽定訳聖書、漢訳聖書などです。委員たちは、翻訳にあたり、「国民に理解されるばかりでなく、文学作品として国民の尊敬を受け、日本国民を感化する代表的作品となるような標準訳を作りたい」と考えました。

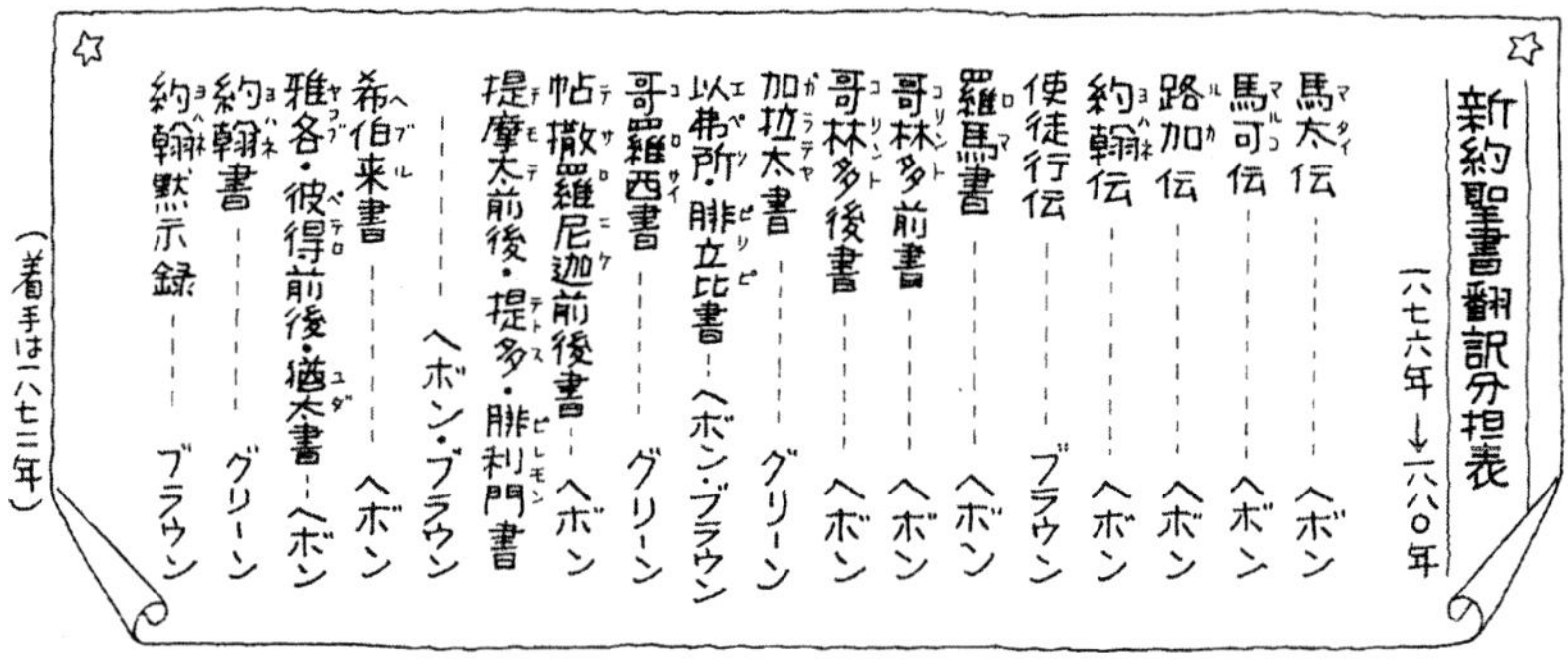
新約聖書翻訳分担表
一八七六年↓一八八〇年
馬太《マタイ》伝……ヘボン
馬可《マルコ》伝……ヘボン
路加《ルカ》伝……ヘボン
約翰《ヨハネ》伝……ヘボン
使徒行伝……ブラウン
羅馬《ロマ》書……ヘボン
哥林多《コリント》前書……ヘボン
哥林多《コリント》後書……ヘボン
加拉太《ガラテヤ》書……グリーン
以弗所《エペソ》・腓立比《ピリピ》書……ヘボン・ブラウン
哥羅西《コロサイ》書……グリーン
帖撒羅尼迦《テサロニケ》前後書……ヘボン
提摩太《テモテ》前後・提多《テトス》・腓利門《ピレモン》書……ヘボン・ブラウン
希伯来《ヘブル》書……ヘボン
雅各《ヤコブ》・彼得《ペテロ》前後・猶太《ユダ》書……ヘボン
約翰《ヨハネ》書……グリーン
約翰《ヨハネ》黙示録……ブラウン
（着手は一八七二年）

場所は病気がちのブラウンのために横浜山手のブラウン邸に決め、土・日を除く毎日、朝九時から十二時まで会合を開きました。

まずは今までヘボンとブラウンが訳してきた福音書を引きつぐかたちで翻訳は進められていきました。

この作業を、日本語教師としてすでに四福音書の翻訳からかかわってきた奥野昌綱、松山高吉、高橋五郎が補佐しました。この三人は国文学にも漢文学にもすぐれていたので、その日本語訳は格調高く、中でも「約翰伝」の冒頭は有名です。

太初《はじめ》に道《ことば》あり道《ことば》は神《かみ》と偕《とも》にあり道《ことば》は即《すなわ》ち神《かみ》なり　この道《ことば》は太初《はじめ》に神《かみ》と偕《とも》に在《あり》き　萬物《よろづのもの》　これに由《より》て造《つく》らる造《つく》られたる者《もの》に一《ひとつ》として之《これ》に由《よ》らで造《つく》られしは無之《なしこれ》に生《いのち》あり此生《このいのち》は人《ひと》の光《ひかり》なり　光《ひかり》は暗《くらき》に照《て》り暗《くらき》は之《これ》を暁《さと》らざりき

このように優雅で流れるような文体は、以後の明治文学に大きな影響を与えたといいます。

こうして、武家社会と一般庶民の言葉の違いは、聖書の和訳により標準的な日本語として統一されていきました。

聖書の和訳についてヘボンは、「今日の日本には、日本人学者の助力なしで、満足な翻訳ができるほど日本語に通じている外国人はいない。私の成し得たこの翻訳は、主として私を手伝ってくれた日本人補佐の諸氏に負うところ大である」と、日本人助手をたたえています。

しかしこの翻訳作業にも、何も問題がなかったわけではありません。十六の教派がそれぞれの信徒を獲得するために張り合う状況ができてくると、協力し合うことが難しくなってしまいました。もともと宣教師たちは、遠い極東の島国へ、命をものともせず福音を伝えようと来日してきたつわ者たちで、個性が強く、がんこ者ぞろいです。見解の相違があると、意見をまとめるのに苦労したと、ヘボンは手紙に書いています。

特に救い主の名前の表記を「イエス」にするか、「耶蘇《やそ》」にするかということは大きな問題となりました。ヘボンたちは「イエス」を主張するのですが、ヘボンと同派の宣教師カラゾルスは「耶蘇」を主張してゆずらず、翻訳委員会を去っていきました。

また、「バプテスマ」を「洗礼」にするか「浸礼」にするかで、バプテスト派の宣教師は「浸礼」を主張し、とうとう委員全員の投票で決めることになりましたが、いざ投票の段になるとバプテスト派は原語の「バプテスマ」をそのまま残すことを主張し始め

ました。投票結果は、「バプテスマ」に三十票、中国語の「洗礼」に十六票が集まり、結局「バプテスマ」を用いることになり

☆G・F・フルベッキ
(1830-1898)
米国改革派教会宣教師。オランダに生まれ少年時代ギュツラフの説教に感激する。22歳で渡米。1859年来日し長崎にて大隈重信ら薩長土肥の志士に英語数学万国公法など教える。1869年明治政府の顧問として上京。1877年勲三等旭日章受賞。1878年よりヘボンとともに旧約聖書の和訳をし、詩篇は珠玉の名篇として知られる。明治学院理事教授のかたわら日本各地に伝道する。68歳で東京青山墓地に眠る。

ました。

このような紆《う》余《よ》曲折を経て、一八八〇年、翻訳委員会による新約聖書の日本語訳は完了しました。五年六ヵ月を要する大事業でした。

東京築地の新栄教会で行われた完成祝賀会は、讃美歌「主よみもとに近づかん」で始まり、フルベッキが司会をしました。日本人助手のひとりである奥野昌綱は、この祝賀会で「ただ神のみ言葉が、ギリシャ哲学、ローマの権力、近代科学の発達のいずれにも優っている」と語り、その言葉は迫力に満ちていたということです。

ヘボンは完成にいたった経過を報告し、「いまこそ日本国民に必要なのは何よりも聖書である」と語り、「願わくば、旧約・新約聖書全巻の日本語訳という、我々執念の大事業が、速やかに完成し、私たち一同が、再びその完成を祝うために一堂に会する日の近からんことを」と祈りました。

前年、病気のためアメリカに帰っていたブラウンにも翻訳完成のメッセージが送られました。

山手二一一番のブラウン博士邸宅跡（現・横浜共立学園）の庭には、「新約聖書和訳記念之地」の銅のプレートが現在も立っています。

ヨーロッパへの旅

医師たちは「日本へ帰るな」と勧めるが、日本へ帰りたいヘボン。

翌一八八一年、ヘボン夫妻は静養のためヨーロッパへ旅立ちました。一年間の予定の休暇です。

六十七歳の老齢になったヘボンは、背中と足のリューマチに悩み、歩くのもつらくなっていました。また、心臓病の疑いもありました。この旅では、ヨーロッパの医師に健康診断してもらうことも予定に入っていました。もし心臓に疾患があるとすれば、日本へ帰っても今までのように仕事をすることができず、そのままアメリカ本国へ帰らなければならないかもしれません。

ヘボンには日本でまだやるべきことが残されていました。旧約聖書の翻訳は途中ですし、「聖書辞典」も出版したいと考えていたヘボンは、あと十年あればこれらのものを完成できると胸算用していました。

スイス、ドイツ、フランスを旅し、ヘボンとクララは雄大な自然、教会の大会堂、宮殿などを見てまわりました。すべてがまだ新しく見える母国アメリカと違って、ヨーロッパの街々は二人に古い歴史を感じさせてくれたようです。

しかし、ヘボンにとってヨーロッパは、どんなに美しくとも情熱の対象とはならず、旅をしていても心は日本へ向かっていたようです。

最後に訪れたパリで、ヘボンは著名な医師の診察を受けました。すると心臓のほうはまったく問題なく、リューマチのほうは脊椎《せきつい》からくるリューマチで、十二年前横浜でコレラにかかったため胃が弱っているのが原因とのこと。医師たちは「仕事はしないこと」、日本の気候はリューマチによくないので、「日本へ戻らないこと」を強く勧めました。

ヘボンは心臓に問題がなかったことを喜び、リューマチの痛みを我慢して書斎中心の静かな生活をすれば、まだ日本で働けると判断しました。

チューリッヒから弟スレーターにあてた手紙は、次のようなものでした。

「別に言うことがあるわけではないが、誰かに手紙を書いてみたいのです。多分自分がたいへん寂しいので誰かに話しかけたいのでしょう。巣から離れてさまよう鳥のようです。こうした無為の生活は楽しくありません。自分は仕事を渇望しており、わたしの思考と心情はたえず日本に戻っています。」

そして、長い船旅の末に戻った横浜からの手紙が次のものです。
「君、見たまえ、わたしは日本に帰ってきましたよ。……わたしはヨーロッパを去って、自分の家に帰ってきて本当にうれしいのです。」

旧・新約聖書和訳の完成

日本人学者たちから文学的作品と賞賛された和訳聖書。

横浜に戻ったヘボン夫妻は、谷戸橋ぎわの三十九番から引っ越して山手に住むことになりました。ヘボンがヨーロッパからそのまま帰米してしまうかもしれないと思っていた宣教師仲間は、彼が帰って来たことを、とても喜びました。

ヘボンはヨーロッパへ行く前に旧約聖書「箴言《しんげん》」の二〇章まで翻訳し終わっていましたが、さっそく、その続きを始めます。

ヘボンが帰って来たということで、旧約聖書翻訳委員が改選され、ヘボンが委員長に選ばれました。他に、フルベッキ、グリーン、ファイソンなどの宣教師、日本人の助手として高橋五郎、松山高吉、井深梶之助、植村正久などが委員でした。このうちファイソンは帰国し、井深、植村は日本の教会の伝道に忙しくなり、出席もまれになってしま

☆D・C・グリーン
(1843-1913)
アメリカン・ボード宣教師。1869年来日。神戸にて松山高吉らに英語、聖書を教え、1874年神戸教会を設立したのち、ヘボンとともに聖書和訳のため横浜に移る。1881年同志社神学校で教えたあと伝道活動を行う。1913年勲三等旭日章を受賞。同年静養中の葉山で70歳で召天。

いましたが。

*

早急に翻訳するために、八つの町に住む地方の宣教師に旧約聖書の各部分がまかされていましたが、集まりが悪く、翻訳も修正する部分が多く、ほとんど新しい訳にしなければならないものもありました。

委員会はひとつひとつ注意深く訂正、改訂していきました。フルベッキは「詩篇」と「イザヤ書」、ファイソンは「エズラ記」を翻訳し、「ヨブ記」は誰もやりたがらないのでヘボンが引き受けたといいます。最初に出版されたのは三つの小預言書「ヨナ書」「ハガイ書」「マラキ書」で、次に「ヨシュア記」「創世記」「箴言」と出版されていきました。

ヘボンのリューマチは相変わらず痛みましたが、朝九時から午後三時半まで目が痛くなるまで聖書の翻訳に没頭しました。ヘボンは「雅歌《がか》」を翻訳している時、弟スレーターに次のような手紙を出しています。

「この驚くべき書の一つ雅歌に含まれている多様さ、美しさ、栄光と崇高と、豊かさにますます感動している。これはまさに神の名作以外の何ものでもない、無限の知性を持つものの作品で美しく雄大である。わたしは本当に聖書を愛するに至り、もはや、人間の著作を読む楽しみも忍耐もなくなった。」

　こうしてついに一八八七年（明治二十年）十二月三十一日、旧約聖書和訳が完了しました。

　旧・新約聖書和訳には十一年という歳月が費やされました。ヘボンは来日二年目から聖書和訳を試みていますから、その時期から数えると二十八年間これに取り組んできたことになります。旧・新約聖書の日本語訳には、多くの宣教師が力を尽くしましたが、最初から最後までかかわったのはヘボンひとりだけでした。

☆雅歌《がか》の隠喩《いんゆ》はむずかしい。
国によって異なる名称をどうするか……。宝石、動物、花、木鳥類など……。
青い宝石←青き玉　赤い宝石←赤き玉でいいだろうか？
ヘボン博士

＊

　年が明けて二月三日、東京築地の居留地にある新栄教会において、聖書翻訳事業完成の祝賀会が開かれました。英米の十四の教派の代表、日本人のプロテスタント諸教会の代表、日本人の助手たち、内外の関係者で大きな教会は立つスペースもないほど人であふれたそうです。

列席者は熱い期待をもって壇上を見上げていました。

奥野昌綱の祈りに続き、ヘボンが完成した旧・新約聖書翻訳の沿革を説明し、日本人助手に暖かい賛辞を送ると、「中国語をはじめとして、その他の外国語に一切とらわれていないこの聖書は、やがて数百万人の日本人に読まれ、日本の国語を純粋に維持するためにも貢献するであろう」と語りました。

そして最後に、「さて、主にある兄弟たちよ。私に残されているただ一つの仕事は、常置委員会の仕事である旧約聖書の翻訳と、横浜委員会の仕事である新約聖書の翻訳、この二つを一巻の聖書となし、日本にいるプロテスタント宣教師全員の名において、あえて言えば、米国と英国の全教会の名において、日本の国民に愛の贈り物として贈呈することであります」と述べ、右手に旧約聖書を左手に新約聖書を取り、厳《おごそ》かに二冊を重ね合わせて一冊の完全な聖書にし、卓上に置きました。

人々は、この素朴で意味深いヘボンの動作を見て、非常に感動したということです。

私たちが、今こうして聖書を日本語で読むことができるのは、幕末・明治初期に来日したプロテスタント宣教師たちの熱意と、地道な努力から生まれた賜物と言えましょう。

一分一秒を大切にし、「急がず休まない」という若き日の決意をここに実らせたヘボンは、一八八七年、ミッションへ次のように報告しています。

「こうして新旧約全書の翻訳出版事業は完成し、聖書は今や日本語で日本人の手にわたるようになりました。他国語のものと比べて見おとりのない立派な忠実な翻訳であるとわたしは信じています。あまり多く漢文がまじっていないで、国語を愛する日本人の学者たちから文学的作品として称讃されていることを知っています。容易に民衆に読まれ、理解されましょう。わたしはこの大事業の完成に対し、喜びと感謝とに満たされています。主は人々を用い、彼らに忍耐を与え、彼らを助けて、日本人に、生ける神の言葉を与えるために、これを完成させ給うたのであります。」

日本人最初の受洗者と最初の牧師

キリスト教は魔法を使う邪教と思っていたのだが……。

宣教師たちの日本語教師として聖書和訳にかかわった日本人の中から、今までも本文に登場してきた矢野隆山と奥野昌綱を、ここで改めて取り上げてみましょう。

日本人初のプロテスタントの受洗者—矢野隆山

隆山は漢学にすぐれ、仏教、国情にも通じていた五十歳くらいの江戸の針医者でした。一八六〇年、米領事ハリスを介して幕府がS・R・ブラウンに日本語教師として隆山を

☆プロテスタント受洗者最初の10人☆

受洗年月	氏名	宣教師名	場所
1865年(慶応元) 11月	矢野隆山(針医、バラの日本語教師)	J・H・バラ	神奈川
1866年(慶応2) 2月	庄村助右衛門(熊本藩士)	C・M・ウィリアムズ	長崎
1866年(慶応2) 5月	村田若狭(佐賀藩家老)	フルベッキ	長崎
	村田綾部(若狭の末弟)		
1866年(慶応2) 夏	清水宮内(還俗僧)	フルベッキ	長崎
1868年(明治元) 5月	粟津高明(ヘボン塾、バラ塾生)	J・H・バラ	横浜
	鈴木貫一(滋賀県士族)		
1869年(明治2) 2月	小川義綏(タムソンの日本語教師)	D・タムソン	横浜
	鈴木甲次郎(司法省の役人)		
	鳥屋だい(初の女性、老婦人)		

■ 1873年(明治6)3月までの禁教中の受洗者は上記も含めて20人だった。

紹介し、隆山と家族は神奈川に引っ越して来ていました。その後、隆山はJ・H・バラの日本語教師となり、バラは熱心に聖書を教え、隆山のために祈っていました。

はじめはキリスト教を嫌っていた隆山でしたが、漢訳聖書を日本語に訳しているうちにキリスト教の真理にふれ、主イエス・キリストを救いの唯一の道と深く信ずるようになりました。

まもなく隆山は病床に伏すようになり、ヘボンの診断では肺結核で、回復の見込みはないとのこと。バラ夫妻はたびたび隆山の家へ見舞いに訪れ、慰めていました。

そんなある日のこと、隆山は洗礼を授けてほしいとバラに願い出ます。バラはこれを聞いて、とても驚きました。プロテスタント宣教師が来日して六年、聖書に興味を持ち宣教師に親しみを持つ人はいても、洗礼を受けたいという人はひとりもいませんでした。キリシタン禁制の高札があちこちに掲げられている時代で、キリスト教徒になることは重罪に価します。明るみに出れば、本人はもちろんのこと、家族にも影響が及ぶのは誰でも知っていることです。

しかし隆山の強い希望と、隆山の家族の了解を得て、バラはヘボンと相談のうえ、洗礼を授けることにしました。こうして彼は、一八六五年（慶応元年）十一月五日（日）、自宅でバラの日本語での祈りと信仰の諮問《しもん》を受けて受洗しました。立ち会ったのはヘボン、バラ夫人、隆山の家族でした。

ヘボンは手紙で次のように語っています。

「同氏は日本のこの地方において、また多分、日本全国において最初の福音の信奉者になったわけです。」

そして、モリソン博士が中国伝道で最初の信者を得るまで十数年要したことにふれ、「日本では伝道わずか四年で、キリスト教厳禁の地に、最初の受洗者を見るとは感謝の至りだ。今は公然と信仰告白した者はわずか一人に過ぎないけれど、陰に教えを信ずる者は、少なくあるまい」と喜んでいます。

隆山の受洗は、プロテスタント宣教師の間に大きな希望として伝わりました。洗礼の翌日、バラ夫妻が見舞いに訪れると、隆山は自分の死期の近いことを悟り、ひじをついてやっと起きると、床に頭をつけて言いました。

「わたしは間もなくイエスにまみえるでしょう。その時、あなた方が親切にしてくれたことをイエスに語りましょう。」

この時バラは非常に感動して、生涯日本に尽くすことを誓ったといいます。それからちょうど一ヵ月後、隆山は天に召されました。

日本人初の牧師――奥野昌綱

奥野昌綱は一八二三年、幕臣の家に生まれ、文武両道にすぐれていました。上野の戦争では彰義《しょうぎ》隊のひとりとして戦っています。

徳川幕府が倒れ、世は明治を迎え、新政府の要職は薩摩藩、長州藩などの反幕府側の人々でかためられていました。「薩長にあらずんば人にあらず」などと言われ、旧幕の武士階級の人々は官職にもつけず浪人となり、生計の道さえおぼつかず、貧苦の日々を送っていました。

家族がある四十八歳の奥野も、このような浪人のひとりでした。そんなある日、人の紹介で横浜のヘボンが日本語教師を求めていることを知り、明治四年、ヘボン邸に出か

☆奥野《おくの》 昌綱《まさつな》
（1823－1910）
幕臣の武士、1871年よりヘボンの日本語教師となり、聖書和訳に協力する。1872年受洗。1878年按手礼をうけ日本人最初の牧師となる。讃美歌の編さんに尽力する。ヘボンに"サムライ・クリスチャン"と呼ばれる。東京の各教会を牧し、日本各地に巡回伝道をする。88歳にて青山墓地に眠る。

けました。

挨拶がすむと、ヘボンは奥野に日本語でおだやかに聞きました。

「あなたは私の教師となって私に日本語を教えることができなさるか。」

奥野は自負心を傷つけられ、ちょっとムッとして、「いかにも、私は不十分ながら、あなたに日本語を教えることができる。ただし、あらかじめ一言お断りしておきたいことがある。それは外でもない。私はただよく知っていることだけ教えて、知らないことは必ずこれを知らないと言いましょう」と答えたそうです。これを聞いたヘボンは大いに満足し、高額で雇うことに決め、奥野とその家族をヘボン邸の二階に住まわせました。『和英語林集成』再版の準備が進められている時で、奥野はその訂正増補、また聖書和訳に協力します。

『和英語林集成』再版のために上海へ行くことになると、ヘボンは奥野をブラウンに紹介しました。ブラウンは当時、横浜修文館の英語教師をし、聖書和訳にも力を入れていました。

奥野は当初、外国人を薄気味悪く思い、魔法を使うと信じ、キリスト教を邪教だと思っていたのですが、ヘボンやブラウンの誠実で熱心な人柄に接し、心を動かされます。また、ブラウンと聖書和訳の仕事をするうち、聖書の真意がわかり、漢訳聖書を夢中で読み、感動し、とうとう洗礼を受けたいと申し出ます。この時の奥野の様子が『S・R・ブラウン書簡集』には次のようにあります。

「ついに受洗の決心を、わたしに打ち明け、イエスを、唯一の救い主と信ずると告白するに至ったのです。そして、喜んで、その信仰を公然と発表し、その結果がどうなろうが、少しも恐れぬ態度を示しました。わたしは、奥野に、少し待つよう忠告しました。キリストにありて、新しく生まれ変わっても、なんら、危害を受けないが、しかし、もしバプテスマを受けて、そのあと、自己を欺くことがあると、かえって、彼自身と、またその救い主としてキリストを愛する、と言ったその信仰と、そのいずれをも傷つけることになると忠告したのです。奥野も、これを了承し、そのとおりにしましたが、しばらくして、再び受洗を志願したのです。そのうちに、わたしは、たびたび、彼と会談して、そのたびに、わたしも満足の意を表わし、ついに、もはや、彼の決心を断わることができなくなりました。その結果、バラ氏やタムソン氏、ならびに、日本人教会の長老に、奥野の心の変化をあかしして、教会の聖餐式で、四〇人か、五〇人の日本人信者の前で、奥野は、わたしからバプテスマを受けました。」

奥野昌綱は、一八七二年、海岸教会においてブラウンより受洗しました。キリシタン禁制の高札撤去の一年前のことです。前述のように、奥野はヘボンとブラウン共訳の「馬可福音書」「約翰福音書」の和訳を助け、ヘボンの「三要文」「真理易知」の和訳にも携わっています。聖書翻訳委員社中ができると、日本人助手のひとりとして新約聖書の和訳に力を尽くしました。

また、国文学、和歌、謡曲にも明るかったので、讃美歌の翻訳編集には大きな貢献をしています。

一八七六年、按手礼《あんしゅれい》を受け、彼は日本人で初めての牧師になりました。その説教は感動的で、聞く者はみな涙を流したといいます。牧師としての奥野は、せっかちに求道、受洗を促すのを最も嫌い、「説教の効果は数年後にあり」とさえ言っています。また、武士出身の牧師らしく、「武士は戦場の露と消ゆるを誉となし、説教者は講壇に倒るるを以て無上の光栄となす」と語っています。老齢になっても全国各地へ精力的に伝道に出かけ、八十八歳で天に召されました。

奥野の長男である武之助は、明治学院卒業後、アメリカの神学校に留学し、牧師になりましたが、三十歳の若さでブルックリンの病院で亡くなっています。帰国してイースト・オレンジに住んでいたヘボン夫妻は奥野との旧交を思い、武之助の遺体を引き取り、わが子が眠る墓地に手厚く埋葬しました。

岩倉使節団とキリシタン禁制の高札撤去

日本はクリスチャンを迫害している国と非難された岩倉使節団。

江戸幕府が倒れ、江戸が東京と呼ばれる明治の世の中になっても、日本中の村落から高札は外されていませんでした。この高札が外されるまでには、実は次のようないきさつがあったのです。

一八五八年に締結された日米修好通商条約の第八条には、「アメリカ人及び日本人は宗旨についての論争あるべからず、日本政府はすでに踏絵の制度を廃せり」とあるにもかかわらず、一八六六年には四千百人のカトリック信者が長崎から追放され、金山や炭坑で働かされていました。加賀や紀州でも数多くの信徒が牢獄につながれていました。そのうえ、不充分な衣料や飢餓のために数十、数百の信徒たちが死に直面していて、かなり残酷な処罰を受けていました。肥後では踏絵の習慣がまだ続いていたといいます。

そこでヘボンは、アメリカのミッション本部へ日本人キリスト教徒の窮状を訴え、その釈放と保護と安全を願い、他の宣教師たちと連名で声明書を送りました。また、在日の外国公使たちも同じように憂慮し、力を尽くしていました。これによりアメリカ国民は日本のキリスト教徒の状況を知ることになり、その情報はヨーロッパにも流れていま

☆日本で最初の女子留学生☆1871年(明治4)
山川捨松(12さい) 青森県士族の娘
のちの大山巌夫人
津田梅子(8さい) 東京府士族の娘
のちの津田塾大を創立。
吉益亮子(16さい) 東京府出仕の娘
上田悌子(16さい)
父は外務省
上田敏のおば
永井繁子(10さい) 静岡県士族の娘

した。

幕末から明治へと大きな変革をとげつつあったこの時期、フルベッキが長崎から東京へ来ていました。当時、フルベッキは明治政府の相談役として招聘《しょうへい》されて、重要な立場にありました。長崎時代の生徒たちが政府の中枢にいて、新しい日本を創るために苦慮している時でした。

フルベッキは、西欧と日本の法律(民法、商法、刑法など)はあまりにも違いすぎるので、直接行って西欧諸国の現状を見てくることをすすめました。特に信仰に関しては、どの国へ行っても自由だということがわかるでしょうと。

一八七一年(明治四年)、天皇の次に位の高い岩倉具視《ともみ》を全権大使として大久保利通、伊藤博文ら新政府の要人を中心に、四十八人の遣欧米使節団がアメリカへ向けて出発しました。目的は幕末に結んだ通商条約の改正と、各国の政治・産業・文化を見聞し、新しい日本を創るうえで参考にすることでした。

この船には、男子留学生と日本で初めての女子留学生五人を含め約六十人が乗っており、最年少の津田梅子（津田塾大学の創設者）は、わずか八歳でした。

晴れやかに横浜を出航した岩倉使節団でしたが、サンフランシスコ、ソルトレーク、ワシントンなど、行く先々でキリスト教を侮辱した国民として批判を受けることになりました。西欧のほとんどの国はキリスト教国です。使節団がヨーロッパに入ると非難はますます厳しくなり、ベルギー、ドイツ、フランス、イタリアでも日本政府は糾弾され、条約改正どころではなくなってしまいました。

一行は旅行先で信教の自由について議論を尽くしたうえ、キリシタン禁制の高札を外すようにと、急遽《きゅうきょ》東京へ連絡します。

各国から、クリスチャンを迫害している国として非難された末に、これでは欧米各国と正常に交流できないと考えた政府は、一八七三年（明治六年）二月二十四日、ついにキリシタン禁制の高札を外しました。キリスト教が禁じられてから実に二百八十六年を経て、やっと信仰の自由を得られたのでした。

☆明治初期の改革のいろいろ☆

王政《おうせい》復《ふっ》古《こ》を各国公使に布告した明治政府は、国内のいろいろな改革をはじめた。西洋の政治・経済の制度をとりいれ、国民に洋風の風俗を奨励した。

明治1■江戸を東京と改称●神仏分離令《しんぶつぶんりれい》●廃仏毀釈《はいぶつきしゃく》運動おこる。

明治2■東京遷都《せんと》●関所廃止●版籍《はんせき》奉還《ほうがん》●人力車の発明●京浜間乗合《のりあい》馬車はしる。

明治3■平民に苗字《みょうじ》を許す●庶民の帯《たい》刀《とう》禁止●自転車、背広、コウモリ傘が流行する。

明治4■廃藩置県《はいはんちけん》●散髪脱刀令《さんぱつだっとうれい》●華士族《かしぞく》と平民間の結婚を許す。●西洋料理店、西洋建築が出現し、イス・テーブルを使うようになる。

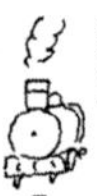

明治5■人身売買《じんしんばいばい》の禁止●太陽暦採用●新橋―横浜間鉄道開通する。

明治6■仇討《あだうち》の厳禁●徴兵令公布●キリスト教禁制の高札《こうさつ》撤廃《てっぱい》●野球が輸入される。

など、明治時代はこれ以後も毎年色々な改革がなされ庶民はビックリすることばかり。明治22年には「大日本帝国憲法」が発布された。

☆平民に苗字《みょうじ》を許す
1870 明治3
めんどうだから うちの村は 全員"田中"にしたよ。
田中さん
村役人に 相談したら お茶のなまえ にしたらって。
青柳さん
お大名様の "酒井"に しよう。
酒井さん

☆断髪《だんぱつ》令
1871 明治4
半髪頭《はんぱつあたま》をたたいてみれば 因循姑息《いんじゅんこそく》な音がする。
（江戸時代の古い考えを 変えられない人）
総髪《そうはつ》頭をたたいてみれば 王政復古《おうせいふっこ》の音がする。
（王政復古の頃の 生き方を変えられない人）
ざんぎり頭をたたいてみれば 文明開化の音がする。
（西洋文化をとり入れ先に すすんでいる人）
ほとんどの人が ざんぎり頭に なるのに20年 かかったといい ます。
チョンマゲは 外国人にピ チキル（ぶたの しっぽ）と呼 ばれていた。

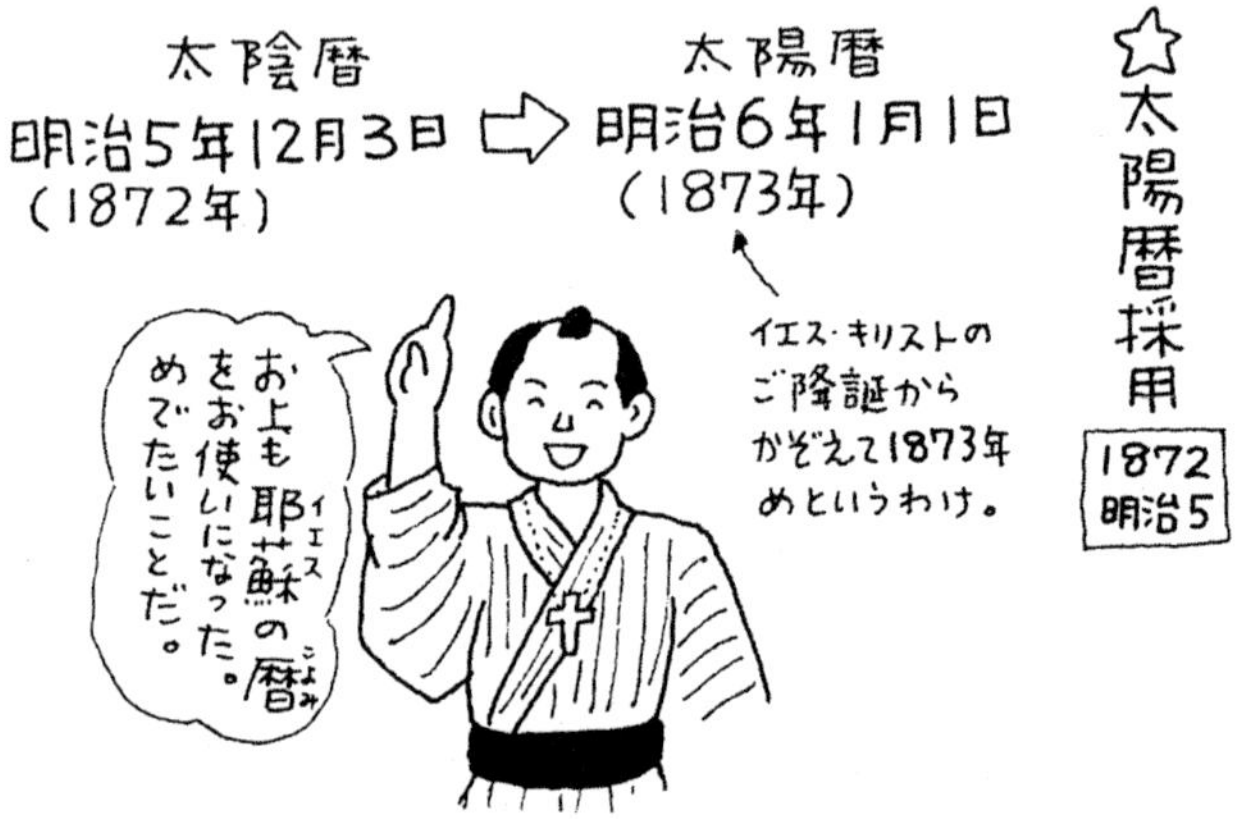
☆太陽暦採用
1872 明治5
太陰暦
明治5年12月3日 (1872年)
太陽暦
明治6年1月1日 (1873年)
イエス・キリストのご降誕からかぞえて1873年めというわけ。
お上も耶蘇《イエス》の暦《こよみ》をお使いになった。めでたいことだ。

☆日曜日の制定
1876 明治9
これで親方に迷惑かけずに主日礼拝が守れる。ヨカッタァ。
感謝します…
〝聖書の創世記〟で神さまも七日めに休まれたんだ。

第4章
Chapter 4
ヘボン塾と
ミッション・スクール

毎日これらの青年に附いて一人の役人がやってきます。
授業中、室内に座り、話を聞いていています。
この役人がやって来る理由は
わたしがキリスト教を教えていないか
どうかということを調べるためです。
わたしが彼らにキリスト教を教える努力をしないでも、
これを避けられない場合が多くあるのです。
英語の綴り字教本などにも
キリスト教のことが書かれているので、
この箇所を飛ばしてよまないことに決心しました。

(『ヘボン書簡集』より)

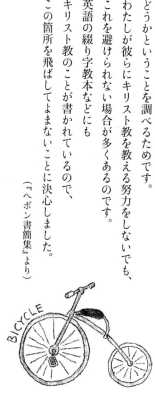

ヘボン塾のはじめ

男女共学の「ミセス・ヘボンの学校」は有名だった。

さて、この章では、ヘボンの日本での働きをよく支えたクララ夫人の働きについてふれたいと思います。

日本の開国後まもなく、先陣を切るようにしてやって来たヘボン夫妻です。当初は言葉にしても食べ物にしても本当に不自由だったことでしょう。上陸してから食べ物に困らないように、乾パンをたくさん持って来ていたそうです。そのような環境の中で、少しでも暮らしやすいようにと、クララは心を砕いて生活を整え始めました。

そのころの日本では、仏教の教えから「四つ足の動物は食べてはならない」ということで、牛肉、豚肉、牛乳は入手できませんでした。バターももちろんありませんので、米領事館や米軍艦から届けてもらっていたようです。

と言っても、日本でも魚類、鶏、卵、白米、麦、人参、大根などは充分に入手でき、ヘボンは「神様は豊かにわたしどものために備え給うのです」と感謝しています。

クララはさらに西洋野菜の種を手に入れ、庭の片すみで育て、新鮮な野菜をとることに気を配ったり、また上手に花をつくったりもしたようです。

☆成仏寺の庭
ひとり息子のサムエルは元気かしら……。
クララ

草花の世話をしながら思うのは、遠くアメリカに残して来たひとり息子のサムエルのことだったのではないでしょうか。ヘボンも、「わたしが唯一つ不幸と思っていることは息子のサムエルと離れていることです。わたしどもにはことにあの子のいないことが実につらいのです」とミッション本部に書き送っています。

そのサムエルが十七歳の時、寄宿先のヤング氏との間に誤解が生じたようで、鞭で打たれたというサムエルからの手紙が届きます。さらにヘボンたちの日本行きに反対していた老父から、「お前がこういう子を放っといて行ったから、こんなになった。人を救うと言うけれども、自分の子どもはどうするのか」という激しい手紙が届きました。

ヘボンとクララは、たったひとりの息

子の訴えに、遠く離れた所にいる自分たちが何もしてやれないことに胸を痛め、苦しみました。ついにヘボンはクララを一時帰米させることに決め、ペンシルバニア州で牧師をしていた弟スレーターに相談の手紙を書きます。

スレーターは、ヘボンにとってたったひとりの男兄弟であり、生涯手紙のやりとりをするほど仲が良かったようですが、その彼に送った手紙は、ミッション本部へ送った手紙とは違って、ヘボンの人間らしい一面が素直に現れています。

「君にわたしの立場になって考えてもらいたい大切な問題が一つあります。それは息子のサムのことです。……わたしは息子の手紙を読んだときに、胸はいたみ、血はたぎりました。たとえサムがまちがったとしても、息子も成長しているのだからそんなふうに罰するのは、よくないと思います。ヤング氏が息子を『うそつき』と非難したりするのは紳士的でなく、キリスト教的でないと思います。……わたしが故郷を去って以来、こんなに悩んだことはなく、急遽帰国しなければならぬかと思ったほどです。」

そしてサムエルに会って話を聞き、必要なら転校させてほしいと指示し、「君自身の息子のように思って、この件をよく考えて下さい」と懇願しています。ひとりの父親としての苦悩が文面から伝わってきます。

*

そんな時期、日本語の教師と使用人の息子が、ヘボンに英語を教えてほしいと願い出ます。ヘボンは施療で忙しかったため、夫人のクララがアメリカ行きの船便を待つ間、

☆ミセス・ヘボンの学校
ABC
No! No!
口をよくみてください
the
トヒー
but
ブット
carriage
カリアゲ
独習や聞きかじりでついた悪い発音ぐせ。
エヘン
クララ
rとlの発音は日本人にはむずかしかったようだ。

毎日一、二時間教えることになりました。これがヘボン塾と言われる英学塾の草分けです。

　やがてアメリカ行きの船の出航が決まると、クララは帰米し、サムエルの進路を決め、一年半ほどアメリカに滞在しました。

　のちにサムエルはプリンストン大学を中退して来日し、横浜の米商社の社員という職を得、ヘボンとクララのそば近くに住むことになります。

　クララが帰国している間に、外国人は神奈川から横浜に移住させられ、ヘボンも谷戸橋ぎわの三十九番に引っ越していました。このころから本格的に施療を始めていたので、病人は朝早くから列をなし、施療所のまわりをとり囲みました。

そのうえヘボンは、幕府の依頼で各藩から選ばれた青年九名を含む十数名に西洋医学と英語を教えていました。この中には猫の目の解剖を見て医学をあきらめた高橋是清《これきよ》少年（のちの総理大臣）や、林董《ただす》少年（のちの外務大臣）らがいます。さらにヘボンの知り合いの日本人医師から、孫娘に教育をしてほしいとの願いを受けたので、ヘボンは、日本に帰って来たクララと仕事を分担することにしました。

ヘボンが施療と医学生の教育を受け持ち、クララは英語の教育を担当するのです。

もともと教師の経験を持っているクララは、英語塾を充実させていきました。

そのころの日本ではまだ行われていなかった女子教育を目指していたクララでしたが、英学塾の評判を聞いて、遠くからも多くの少年の入塾希望があり、結局四十人以上の男女共学の塾となりました。

「婦女子には学問は不要」という世の中にあっても、やはり教育は必要と感じている親もいて、横浜はもちろんのこと、江戸や近隣からも女子の入塾希望が相次ぎました。人々は「ミセス・ヘボンの学校」と呼び、日本ではじめての男女共学の塾は一八七二年まで続いたということです。息子サムエルとは離れていても、同年齢の少年少女たちがいつもクララのそばにいました。

生徒が多くなると、クララだけでは教えきれなくなり、年長組はヘボン、グリーンが手伝って英文法、数学、地理、歴史などを教え、時には聖書も教えました。クララは、読み方、書き方、綴り方、和文英訳を教え、週に一度は英作文の宿題を出し、添削《てんさく》しました。

彼女の英語教育は厳しく、ひとりひとりの唇に指をふれ、鏡で口の中を見させ、発音を正確に教えることで定評があったそうです。

また女生徒には、学問のほかに歌や編物、裁縫、西洋式洗濯、ガラスや銀食器のみがき方、会計簿のつけ方などを教えました。女性が妻となった時に必要な事柄や、妻としての責任を身につけさせ、一個の人間としての自覚を教えようとしていたのではないでしょうか。

そのころの日本の女性の地位はなきに等しかったので、クララの授業は厳しい中にも新しい世の中への希望があふれていたのかもしれません。

クリスマスには、クララを中心に日本人と居留地の外国人の子どもたちが一緒に讃美歌を歌い、それがあまりに楽しそうでにぎやかだったので、親たちがのぞきにきたということです。

「今や妻は横浜の名物であります」とヘボンは手紙に書いています。

このヘボン塾はのちのフェリス女学院、明治学院へと続いていきます。

フェリス女学院のはじめ

日本女性のために自らを捧げる決意をしたメアリー・E・キダー。

キダーが創設したフェリス女学院

メアリー・エディ・キダーが日本に最初の独身女性宣教師としてやって来たのは、彼女が三十五歳の時のことです。

キダーは一八三四年、米国バーモント州に生まれました。

少女時代は、羽をけがした鳥を一生懸命治してやって、「ひよこのお医者さん」と呼ばれるなど優しい一面もあったようですが、基本的には、裁縫などの静かなことより冒険のような行動的なことのほうが好きだったそうです。長じてS・R・ブラウンが経営する学校やほかの学校の教師をし、そこでは生徒に慕われる優秀な先生だったといいます。

☆M・E・キダー
(1834－1910)
米国改革派教会婦人宣教師。S・R・ブラウンに伴われ新潟英学校の教師として1869年来日。1年後横浜ヘボン塾で教え、女子のみをひきうけ1870年洋学塾(のちのフェリス女学院)を創立。1873年長老教会宣教師E・R・ミラーと結婚。1881年日曜学校教林"喜《ヨロコビ》の音《オトズレ》"など出版、全国伝道をはじめる。10年におよぶガン闘病のすえ76歳で召天。染井墓地より1940年横浜外人墓地に移転する。

その当時、アメリカでは男性に劣らず女性宣教師が活発に働き、世界各地に派遣されていました。キダーも自分の天職は外国伝道と心に決め、チャンスを待っていました。そんな時、横浜の自宅が焼失したため一時帰国していたブラウンが、再び日本政府の招きで新潟英学校の教師として日本へ行くことになりました。

キダーはブラウンの推薦で米国改革派教会伝道局から宣教師として日本へ派遣されることになり、ブラウン夫妻と同行する許可が出ました。

キダーは喜び、家族へ次のような手紙を書いています。

「ブルックリンの友人たちは反対していますが、神の摂理による直接の差し止めだとか、どうにもならない障害のほかは何物も私の日本行きを妨げることはできないでしょう。去年の秋に帰って以来一五ポンド(約六・八キロ)も目方が増え、今はすばらしい健康状態です。働くことが私に適しているのです。これも私が日本へ行くべきだと考える理由の一つです。」

家族の心配をよそに、体重が増えたことまで日本行きの理由にして、心をはずませている様子がわかります。

こうして一八六九年、キダーはブラウン夫妻とともに横浜に上陸しました。横浜から新潟までは駕籠《かご》にゆられて十六日の旅です。一行は先払いの者の「下におり(ひざまずけ)」の叫び声のあとを九人の武士に守られ、高崎、安中、長野と旅を続けました。

キダーは、ヘボンの『和英語林集成』とブラウンの『日英会話編』を頼りに、駕籠の外の武士に「私は歩きたい」と言ってみたところ通じなくて、「私のアメリカの舌がまだ正しく回ってくれなかった」と嘆いています。

また日本式の世間体を考えて、キダーはブラウンの娘ということにしていましたが、宿に着いた時はこんな様子だったそうです。

「私たち女性は一番奥まった部屋に連れて行かれ、ブラウン博士が外に面した部屋をとりました。別に物音がしなくても、目をあげると必ず障子(紙戸)が細目にあけられ、上から下まで目が一列に並んでいるのが見えるのでした。」

日本人の好奇心の的になっている様子がうかがわれます。

新潟の学校でブラウンは英語を教え、日曜日には家でバイブルクラスを始めました。

キダーは女生徒に英語を教えることになりますが、むしろ彼女たちから日本語を習うほうが多かったと言っています。

ブラウンは三年間の契約で新潟に来ていたのですが、日曜日に聖書を教えたのが問題となったようで、約八ヵ月で横浜修文館へ転任になりました。キダーもブラウン夫妻と横浜に戻り、ブラウン宅に同居しました。

ちょうどそのころ、ヘボン夫妻が『和英語林集成』第二版の印刷のため上海へ行くことになったため、キダーは一八七〇年、クララ夫人のあとを引きつぎヘボン塾をまかされます。この時がフェリス女学院の創立とされ、また日本女子教育のはじまりと言われています。

ヘボン夫妻が上海から戻り、自宅で施療を再開することになると、キダーは女生徒のみを引き受け、ほかの場所に移ることになりました。

文明開化の横浜では高官夫人、貿易商人夫人らも英語を勉強したがっており、神奈川県令（現在の県知事）の大江卓《たく》夫人もキダーの生徒のひとりでした。大江卓は、キダーが女子教育を目指して、日本女性のために自らを捧げる決意であることを知り、大変共鳴して、伊勢山にある県庁官舎の一つを教室として手配しました。さらに、学校に必要な黒板、机、椅子などの備品、キダーが山手から伊勢山まで通うための車夫つき人力車まで提供してくれました。これらはすべて大江卓の自費でまかなわれたということです。

やがて、この学校は「キダーさんの学校」と呼ばれるようになりました。

その教育、礼儀作法のしつけは厳しかったようですが、キダーは自分自身に対しても厳しく、時間も正確に守るので、横浜の町の人々は彼女の人力車の往復を時計がわりにしていたというエピソードも残っています。

*

一八七三年、キダーはブラウンの司式によって米国長老派教会宣教師ローゼイ・ミラーと結婚しました。キダー（ミラー夫人となったが、ここではキダーで進める）は、生徒たちにキリスト教式の優美で厳粛な結婚式を見せるため、列席させたそうです。

ローゼイ・ミラーは温厚な紳士で、キダーより九歳年下でした。彼はキダーの志を尊重し、学校経営に協力するため、キダーと同じ米国改革派教会に移籍しました。そのため、当時宣教師の間で、「ミラーは気の強い姉さん女房の言いなりになっている」と噂されたといいます。二人の間に子どもはありませんでしたが、共に生涯、伝道に尽くしました。

一八七五年、「キダーさんの学校」には、米ミッションから送られた資金で山手一七八番に素晴らしい校舎と寄宿舎が建てられました。当初の生徒は十四名でしたが、評判を聞いて東京、大阪、京都、九州からも入学申し込みがあり、その年の終わりには四十名収容の寄宿舎は定員オーバーの五十名の生徒であふれました。

校舎は洋風でしたが、キダーはできるだけ日本の生活習慣を取り入れ、部屋は畳敷き、寝具、衣服、食物、坐臥《ざが》（座ることや寝ること）も日本式にしました。西洋の良い作法ももちろん教えましたが、「自分たちの家庭で生活できないように教育するのは賢明なことではなく、またそうするのは少し危険である」とキダーは考慮したからです。

授業内容は、外国人教師による英学諸学科、日本人教師による和漢学（素読、習字、数学）でした。

「キダーさんの学校」は校舎ができた翌年からフェリス・セミナリー、フェリス学校と呼ばれるようになります。「フェリス」とは、キダーを日本に派遣した米国改革派教会伝道局総主事であった初代のアイザック・フェリスと、子息の三代目総主事ジョン・フェリスの業績を記念してつけられた名前だということです。

現在の名称であるフェリス女学院となったのは一九五〇年（昭和二十五年）からです。

キダーと夫ミラーは一八八一年、日本国内の福音伝道を目指し、フェリスをやめます。そして三浦徹という日本人牧師とともに、『喜《よろこび》の音《おとずれ》』『小さき音《おとずれ》』という月刊誌の編集出版を始めました。雑誌の内容は彼らが書いた記事やアメリカから送られて来る雑誌の抜粋で、美しい絵も入っていて日曜学校の教材としても利用されたそうです。

日本にはこのような雑誌がなかったので、あらゆる教派の宣教師や日本人に買われ、全国で大きな影響を与えたということです。

キダーは伝道のために夫とともに北海道、新潟、盛岡、高知へと赴き、盛岡には家を構えて十年間伝道し、下ノ橋教会を建てています。

その後体の不調を覚え、東京に戻って乳ガンの手術を受けますが、回復せず、十年の闘病生活ののち、一九一〇年、神のみもとに召されました。七十六歳でした。

明治学院のはじめ

日本人の教職者の養成と補充に必要な神学校として。

ヘボンが初代総理をつとめた明治学院

ヘボン塾の女生徒たちがキダーとともに山手へ移っていったあと、男子生徒はグリーンやルーミス（共に米国長老派宣教師）の協力によって教育されていきました。

一八七三年にキリシタン禁制の高札がはずされると、ヘボン塾は英学塾から聖書研究を中心とする神学塾の色あいが強くなり、キリスト教に関心のある熱心な若者が多く集まるようになりました。

一八七四年にはルーミスにより十名の日本人が受洗し、そのうちの八名がヘボン塾生でした。彼らは東京の築地居留地にある長老教会の神学校へ移り、グリーンらの指導を受けます。横浜のヘボン塾は、神学生の東京移動に伴い、元の英学塾に戻りました。

やがて、持病の神経痛に悩まされていたクラの健康のために、夫妻は湿地を埋めたてた横浜居留地から山手二四五番へ引っ越すことにしました。

また、ヘボン自身もこのころは聖書和訳で忙しかったため、一八七六年、ヘボン塾を谷戸橋三十九番の建物ごとJ・C・バラ（長老派、J・H・バラの実弟）に譲りました。呼び名も「ヘボン塾」から「バラ学校」と呼ばれるようになりました。

ヘボンはバラについて、「バラ氏はしっかりした辛抱強い親切な人で、生徒らの父となり、友となっている」と評しています。バラ学校も一八八〇年、東京築地へ移ります。

明治学院のチャペル

一方、兄のJ・H・バラ夫妻はヘボンより二年後に来日し、ヘボンの好意で一時期成仏寺に住んでいました。まもなく横浜居留地へ移り、一八七二年、波止場近くに小会堂（石の会堂ともいう）を建て、英語と聖書を教え、そこは「バラ塾」と呼ばれていまし

☆ジョン・C・バラ
(1842-1920)

1872年、実兄J・H・バラの招きで来日。横浜洋学校で英語聖書を教える。1875年よりヘボン塾をゆずりうけ、バラ学校と呼ばれ、熊野雄七らに感化を与える。

1880年より東京築地に移り築地大学校の校長になり、のち明治学院教授になる。

滞日48年77歳で鎌倉にて召天。

☆石の会堂

1871年(明治4)献堂。

"聖なる犬小屋"と陰口される。

日本で最初のプロテスタント教会。横浜海岸教会のはじまり。

●ジェームズ・H・バラはこの会堂で英語や聖書を教えた。学生の中には本多庸一、植村正久、押川方義、熊野雄七ら、日本のキリスト教会をになう人々がいた。
ここから横浜バンドがはじまる。


た。

　バラは祈りの人で、その情熱あふれる説教は、聞く者の心を動かしたといいます。

　ある日塾生のひとりに、「西洋人がするという正月初週の祈祷会を開きたい」と頼まれ、バラはその指導をしました。おぼつかない日本語でのバラの情熱あふれる祈りは出席者の心を打ち、まだ洗礼も受けていない彼らでしたが、祈りの鎖はとぎれることなく三

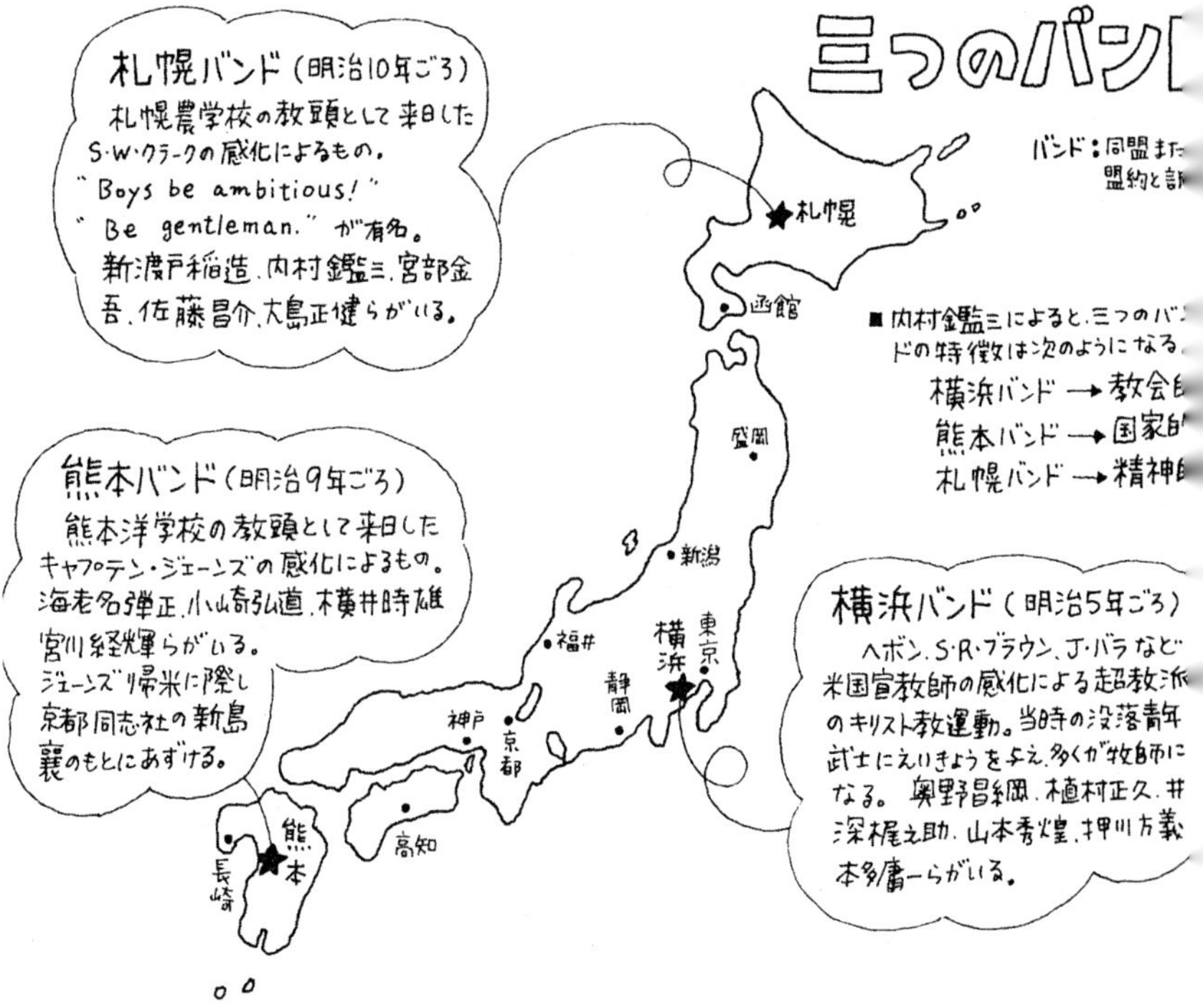
三つのバン
バンド：同盟また
盟約と訳
札幌バンド（明治10年ごろ）
札幌農学校の教頭として来日したS・W・クラークの感化によるもの。
"Boys be ambitious!"
"Be gentleman."が有名。
新渡戸稲造、内村鑑三、宮部金吾、佐藤昌介、大島正健らがいる。
■内村鑑三によると、三つのバンドの特徴は次のようになる。
横浜バンド → 教会
熊本バンド → 国家
札幌バンド → 精神
熊本バンド（明治9年ごろ）
熊本洋学校の教頭として来日したキャプテン・ジェーンズの感化によるもの。
海老名弾正、小崎弘道、横井時雄、宮川経輝らがいる。
ジェーンズ帰米に際し京都同志社の新島襄のもとにあずける。
横浜バンド（明治5年ごろ）
ヘボン、S・R・ブラウン、J・バラなど米国宣教師の感化による超教派のキリスト教運動。当時の没落青年武士にえいきょうを与え、多くが牧師になる。奥野昌綱、植村正久、井深梶之助、山本秀煌、押川方義、本多庸一らがいる。
札幌
函館
盛岡
新潟
福井
東京
横浜
静岡
神戸
京都
高知
熊本
長崎

ヵ月に及んだといいます。そして九名の受洗者が出るという実が結ばれました。

ここからリバイバル（信仰復興）が起こり、日本で初めてのプロテスタント教会「横浜海岸教会」の創設につながりました。日本で起きた三つの大きなキリスト教運動の一つ、横浜バンドがここに形成されたのです。

S・R・ブラウンは横浜修文館との三年の契約も終え、教師を辞めたのですが、ブラウンを慕う学生の強い要求で、山手二一一番の自宅で英語と聖書を教えることになりました。バラ塾からも聖書を

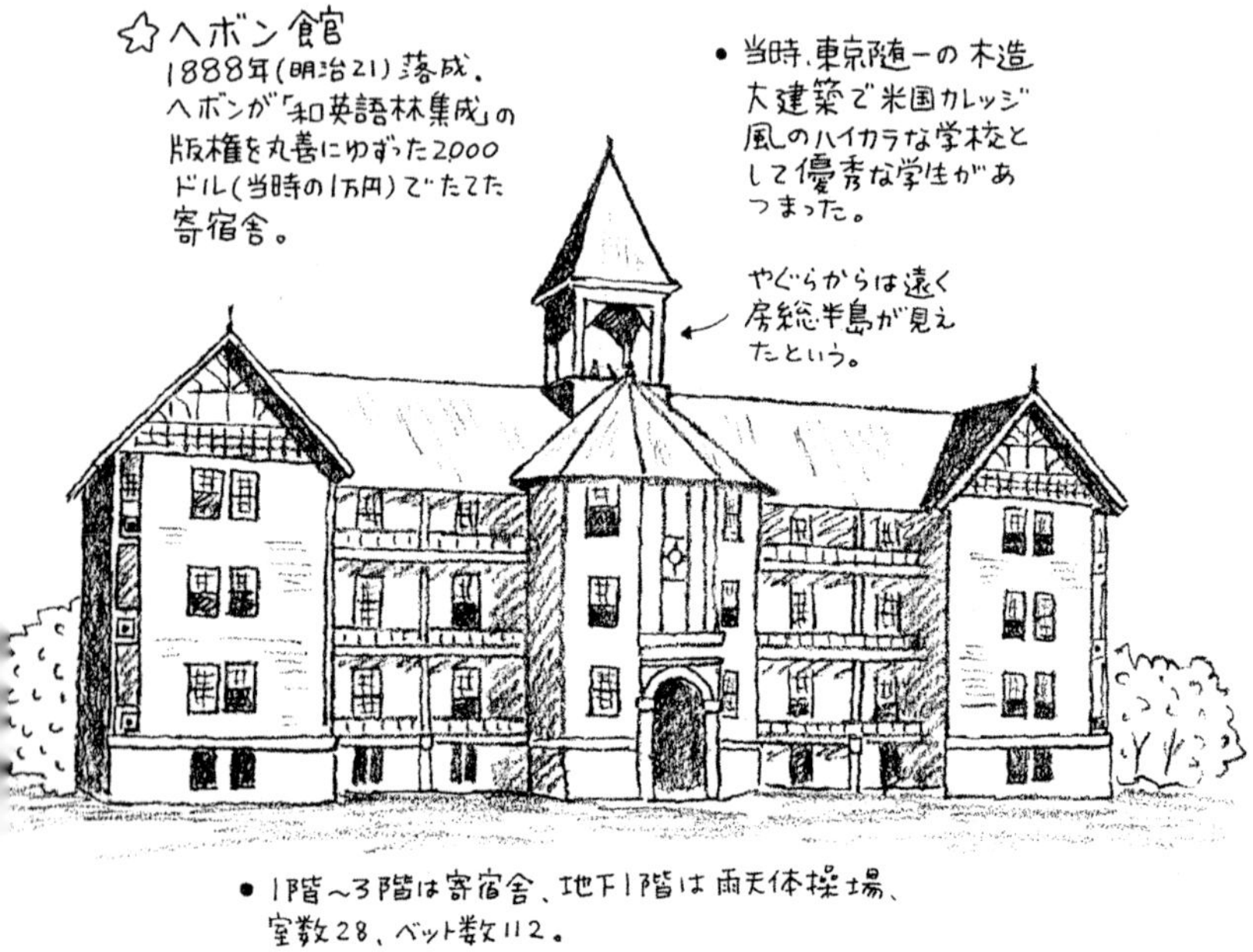
☆ヘボン館
1888年(明治21)落成。
ヘボンが「和英語林集成」の
版権を丸善にゆずった2000
ドル(当時の1万円)でたてた
寄宿舎。
● 当時、東京随一の木造
大建築で米国カレッジ
風のハイカラな学校と
して優秀な学生があ
つまった。
やぐらからは遠く
房総半島が見え
たという。
● 1階〜3階は寄宿舎、地下1階は雨天体操場、
室数28、ベット数112。

学びたい青年が集まり、ブラウン塾は神学塾のようになりました。

このように各地の宣教師のもとに青年が集まり、英語や聖書を学ぶ動きが起こりました。

彼らは旧幕臣や佐幕派の子弟が多く、維新後、経済的保障もなくなり、士官の道をも閉ざされ貧窮の極みにありました。自らの生きる道を開くために、他人に先がけて西洋の文化と知識を身につけ自立をめざす必要を感じていたのです。

特に神学を学ぶ学生のために一八七七年、北米長老教会、米国改革派教会、スコットランド一致長老教会が合同で日本基督

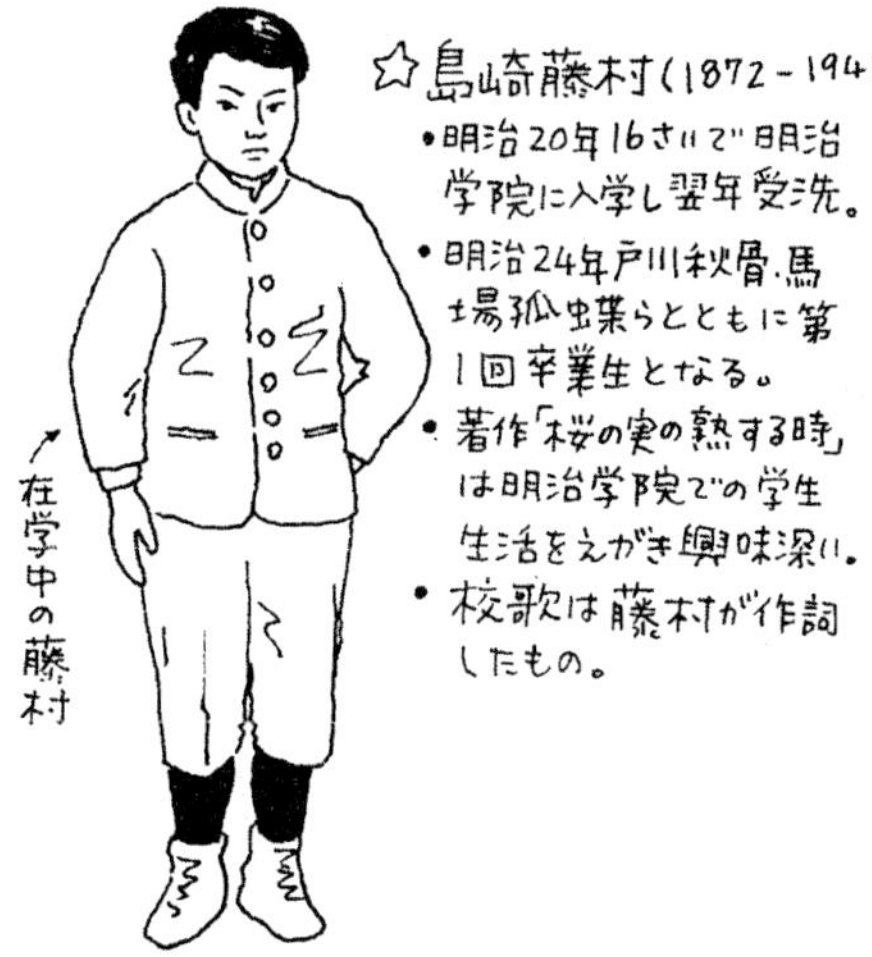
☆島崎藤村(1872-1943)
•明治20年16さいで明治学院に入学し翌年受洗。
•明治24年戸川秋骨、馬場孤蝶らとともに第1回卒業生となる。
•著作「桜の実の熟する時」は明治学院での学生生活をえがき興味深い。
•校歌は藤村が作詞したもの。
在学中の藤村

ヘボン博士の胸像。
ヘボン館の入口の右側にある。

一致教会を設立し、その教師育成機関として東京一致神学校を築地に開校しました。

この学校の卒業生は、明治期のキリスト教指導者また教育者、実業家として活躍しました。

ヘボンはこの学校について、ミッションへ次のように伝えています。

「神学校のことはどんなに賞めても、ほめ過ぎるということはありません。実にすばらしい学校です。三つの一致ミッションから派遣された教授陣を備えています。そして日本人の教職者の養成と補充にはどうしても必要なものです。ですから、深い関心を寄せつつ、資金も潤沢につぎ込んで支持していかなければなりません。」

一八八七年、合同ミッションは芝白金に一万坪の土地を得て明治学院を設立し、ヘボンは推されて初代総理となりました。

横浜共立学園のはじめ

混血児救済と女子教育のために来日した三人の女性宣教師。

横浜共立学園。横浜市指定有形文化財になっている本校舎

一八〇〇年代の中頃、西欧のプロテスタント諸教派の中から、特にアジアに向けて多くの宣教師が派遣されました。

アジア諸国から帰国した宣教師たちは、アジアの哀れな女性や子どもたちに対する救済と伝道を訴えました。

これに応えたのが一八六一年に創設された「米国婦人一致外国『異邦』伝道協会」、WUMS（The Woman's Union Missionary Society of America for Heathen Lands）です。プロテスタントのクリスチャンの女性たちが教派を超えて集まり、彼女たちの助けを必要とする人々のために、無報酬で奉仕するという団体でした。

初代会長はミセス・ドリーマスという人でした。彼女は九人の子の母でもあり、優しく、美しく、聡明な人だったそうです。

そのミセス・ドリーマスが心の支えとした聖句は、「すべてあなたの手のなしうる事は、力をつくしてなせ」（伝道の書九章一〇節）でした。

そしてこの協会のモットーは「女よ、あなたの信仰は見あげたものである。あなたの願いどおりになるように」（マタイ一五章二八節、共に口語訳）でした。

当時はアメリカでも女性の地位は低く、選挙権も財産所有権も認められてはいませんでした。女性ばかりのこの協会は、世間の偏見にも苦しめられたようです。

外国伝道には、長期にわたり莫大な資金援助が必要です。会員たちは節約し、小物や衣服を縫ってバザーを開いて伝道資金を集めました。

また、女性を未知の異教国へ派遣するのは大変な冒険です。協会はまず、妻、母という義務に束縛されない、有能な独身女性か未亡人を宣教師として派遣することにしました。

＊

ＷＵＭＳが創立された同じ年、ジェームス・Ｈ・バラ夫妻が来日しました。

開港後の横浜には、各国から商人、技術者、兵士などいろいろな職業の人が流れ込んできましたが、すべてが善い人ばかりとはかぎりません。日本人女性との間に子どもをつくっても、そのまま捨ててしまうような人たちもいたのです。

神が共に在まして行く道の障害を取り除いてくださることを信じます。
☆ミス・クロスビー
(1833-1918)
父は大学教授で父母ともに名門出身の家庭で育つ。1871年38歳で来日。会計を担当する。在日47年女子教育に尽した功績により藍綬《じゅ》褒章受賞。85歳で横浜外人墓地に眠る。

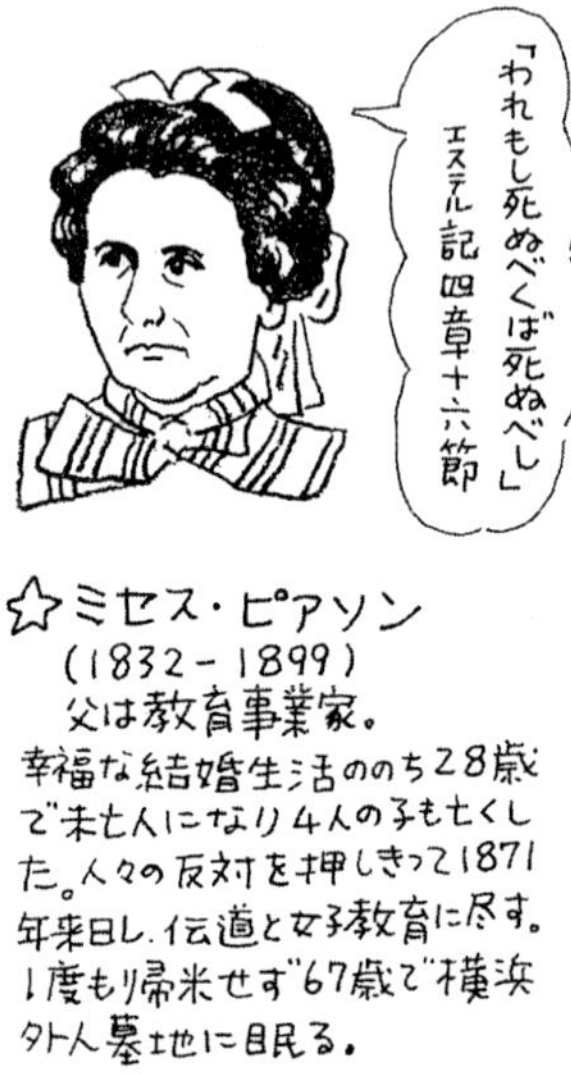
「われもし死ぬべくば死ぬべし」
エステル記四章十六節
☆ミセス・ピアソン
(1832-1899)
父は教育事業家。
幸福な結婚生活ののち28歳で未亡人になり4人の子も亡くした。人々の反対を押しきって1871年来日し、伝道と女子教育に尽す。1度も帰米せず67歳で横浜外人墓地に眠る。

バラは無学な日本女性の様子や、日本人と外国人の混血児たちが、日本人からも疎外され物乞いや放浪をしている姿を見て、アメリカのキリスト教関係の団体へ女性宣教師の派遣を熱心に要請していました。

ＷＵＭＳはバラの要請に応え、混血児救済と女子教育のために三人のすぐれた女性宣教師を日本に送り出しました。

一八七一年の日曜日の朝、ミセス・プライン（五十一歳）、ミス・クロスビー（三十八歳）、ミセス・ピアソン（三十九歳）の三人が霧雨にけぶる横浜港に到着しました。三人は出迎えたバラに案内され、ヘボンの施療所で行われている日曜礼拝に出席しました。

礼拝のあと三人を歓迎する会が開か

「なぜお前が行かないのか」という御声をききました。

☆ミセス・プライン
(1820-1885)
W・U・M・Sの支部の副会長。温かい人柄で孫もいる。1871年51歳で来日。初代総理となるが1875年病気のため帰米。

れて、日本在住の宣教師たちは本国アメリカの様子を聞き、また日本の様子を語り合ったことでしょう。

＊

三人はまず、バラの持ち家（山手四八番）を借りて「アメリカン・ミッション・ホーム」を開設しました。このホームは日本人の女子と混血児にキリスト教主義の教育を施すことを目的としていました。

まだキリスト教禁制の中だったので、混血児たちはすぐに集まりませんでしたが、母親を亡くした英国人将校の幼い姉妹が入って来ました。

この年の十月、静岡学問所の教授・中村正直（当時のベストセラー『西国立志編《さいごくりっしへん》』の記述者）が、物理と化学の教師として招聘した新任のE・W・クラークを迎えるためにホームに滞在していました。

この滞在中、中村は、三人のアメリカ人女性が日本人には見られない心からの愛で、子どもたちの教育としつけをしている様子に大変感動しました。そこで、日本で初めての「生徒募集・入学案内」の一文を書き、ミッション・ホームを社会に紹介し、自ら妻、娘、親戚の娘たちを入学させたということです。これによってミッション・ホームは世

間の知るところとなり、混血児十数名、さらに女子、男子生徒の入学希望者が増えていきました。これが後の横浜共立学園のはじまりです。

三人はホームの開設と同時に祈祷会も始めました。ホームは特定の教派にとらわれない立場をとっていたので、日曜日と水曜日の祈祷会には、横浜にいる外国人の船員、商社員、軍人らがたくさん出席しました。

J・H・バラを中心にした日本人による正月初週の祈祷会も、日曜日と水曜日の夜はこのホームで行われました。

外国人と日本人による三ヵ月に及んだ祈祷会は、外国人のユニオンチャーチと日本人の日本基督公会の設立として実を結び、ユニオンチャーチの礼拝はS・R・ブラウンが説教をし、日本基督公会の礼拝は、ホームの食堂でバラが日本語で説教をしました。

日本基督公会は後に日本で初めてのプロテスタント教会・横浜海岸教会となります。

また、ホームでは日本における初めての子供新聞『よろこばしきおとづれ』を一八六七年に創刊しました。これはアメリカの日曜学校の新聞で、キリスト教をやさしく説明したものを日本語に訳し、美しい挿絵をあしらった八ページほどのものでした。前述のフェリス女学院をやめたあとM・E・キダーは、『喜の音』と改題し、編集出版を続けました。

当時このホームはキリスト教の中心的存在で、日本各地に影響を与えたといいます。

やがて四十八番館ではせまくなり、広い建物を探していたところ、山手二一二番のロ

米国聖書協会から贈られた
「新約聖書和訳記念之地」の銅製プレート

シア公使の広い土地と建物を借りられることになりました。隣の二一一番はＳ・Ｒ・ブラウン邸で、のちに新約聖書和訳のためにヘボンも通った家です。当時のブラウン邸は広い土地に囲まれた大きいベランダつきの別荘風の平屋で、翻訳委員たちは出窓から光がいっぱいに差し込む一室で祈りをしてから作業を始めたといいます。

　そのブラウン邸跡地に一九三一年に建てられた本校舎は、風格のある立派なものです。横浜大空襲の時も奇跡的に焼け残り、一九八八年横浜市指定有形文化財に指定されました。この校舎落成の時に米国聖書協会から贈られたのが、「新約聖書和訳記念之地」の銅のプレートで、ブラウン博士のレリーフとともに本校舎前のよく整えられた樹木のそばに置かれています。

　現在の横浜共立学園は、二一一番と二二二番にまたがっています。

　さて、通学して来ていた男子生徒は武士階級出身の者が多く、英語を学んで将来に役立てようと熱心でした。彼らの多くは、武士道と儒教で教育をされてきていたので、聖書の授業に激しく反発する者もいたそうです。

　しかしピアソンらの忍耐と熱心さに打たれ、多くの生徒は目覚め、キリスト教の真理

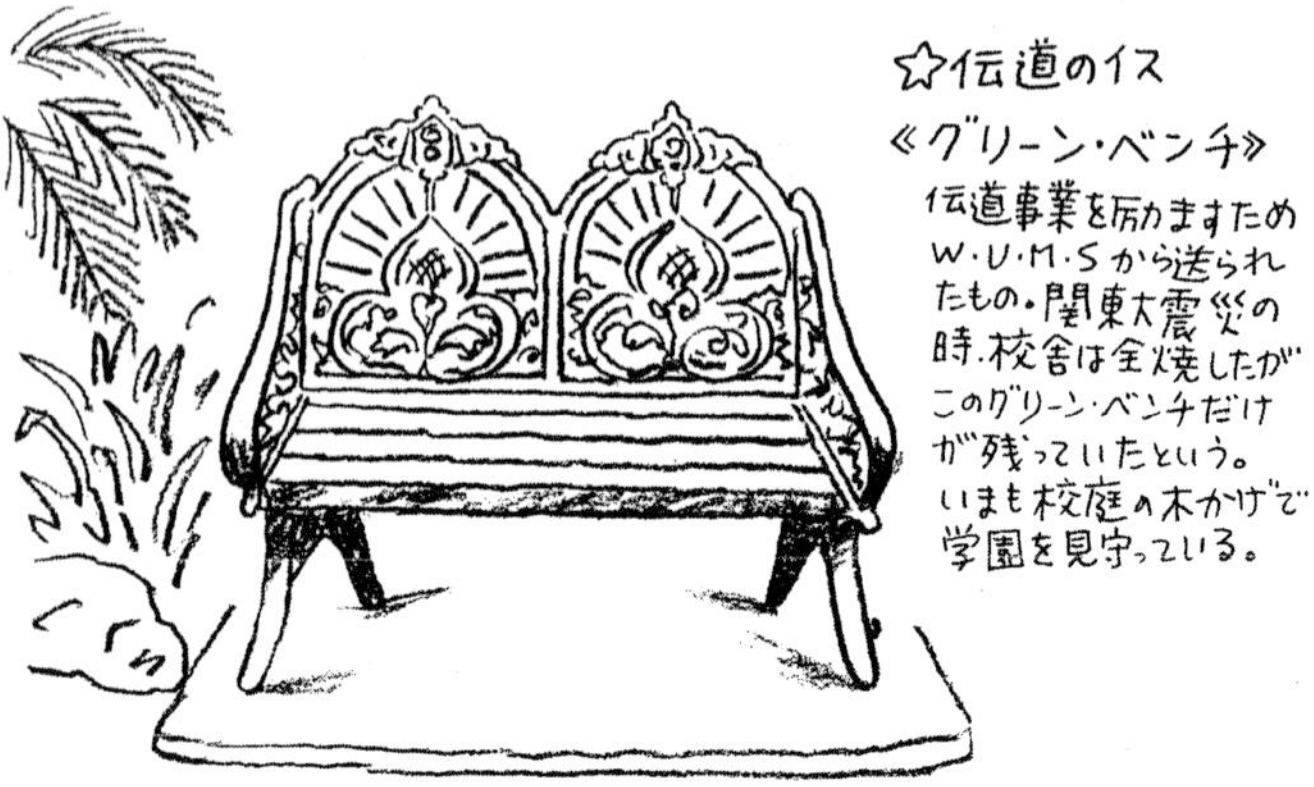
☆伝道のイス
《グリーン・ベンチ》
伝道事業を励ますため
W・U・M・Sから送られ
たもの。関東大震災の
時、校舎は全焼したが
このグリーン・ベンチだけ
が残っていたという。
いまも校庭の木かげで
学園を見守っている。

にふれて洗礼を受けました。これらの青年たちはのちに日本の教育界、キリスト教界、実業界で重要な働きをしています。

*

一八七二年、アメリカン・ミッション・ホームは男子生徒を他へ託し、最初の目的である女子教育にしぼりました。名称も、「日本婦女英学校」「共立女学校」と変わり、一九三二年から横浜共立学園となって現在に至ります。

女子校となってからは建物の一部を寄宿舎にし、日本で最初の女子寄宿学校となりました。授業は英語、数学、地理、歴史、リーディング、作文などですが、すべてアメリカから取り寄せた英語の教科書を使ったので、生徒たちも大変だったようです。

しかし、今まで知らなかった自由で明るい雰囲気、規則正しい生活、西洋流の礼儀作法、キリスト教の高い道徳を教えられ、少女たちの間には、自立の精神が養われていきました。

第5章
Chapter 5
晩年のヘボン

私どもの心はしばしば横浜や指路教会や、
わたしどもが残していった多くの親切な友人がたや…
さらに主の御用のため、
わたしどもが三十三年間の最もよい、
最も幸いな生活を送ってきた
なつかしい御地に思いを馳《は》せるのです。

(『ヘボン書簡集』より)

指路教会の献堂

この美しい会堂は礼拝と伝道のみに用いることが条件です。

ヘボンから日本人への最後の贈りものは、横浜・尾上《おのえ》町にある横浜指路《しろ》教会の大会堂でした。

現在の横浜指路教会

在日しているプロテスタント宣教師の会議では、「教派によらざる日本基督公会の徹底」が約束されていたのですが、現実にはバプテスト派もメソジスト派も独自の道を歩み始め、教会を設立していました。

日本人クリスチャン

☆指路教会
1892年(明治25)献堂。
・キリスト教各派の名士を招き「特別伝道礼拝」を行い、一般の人々への伝道は当時としては新しいこころみだった。
・1923年(大正12)関東大震災によって壊滅したが、かつてのヘボン塾生の多額の献金と教会員の献身によって現在の会堂ができた。

は各教派の違いや歴史についてほとんど何も知らないのですから、ヘボンは日本基督公会の再組織の望みも捨てきれず、長老派独自の教会を作ることにはかなり悩んだようです。

しかし各派が各々の道を歩むようになると、ヘボンとルーミスも一八七三年、日本長老会を組織しました。そしてルーミスを仮牧師としてヘボン塾生を含め洗礼を受けた十八名で横浜第一長老公会を設立し、一八七六年、横浜の住吉町に住吉町教会を建てました。

住吉町教会では、貧しくて小学校に就学できない子どもたちに算数、国語、聖書を教

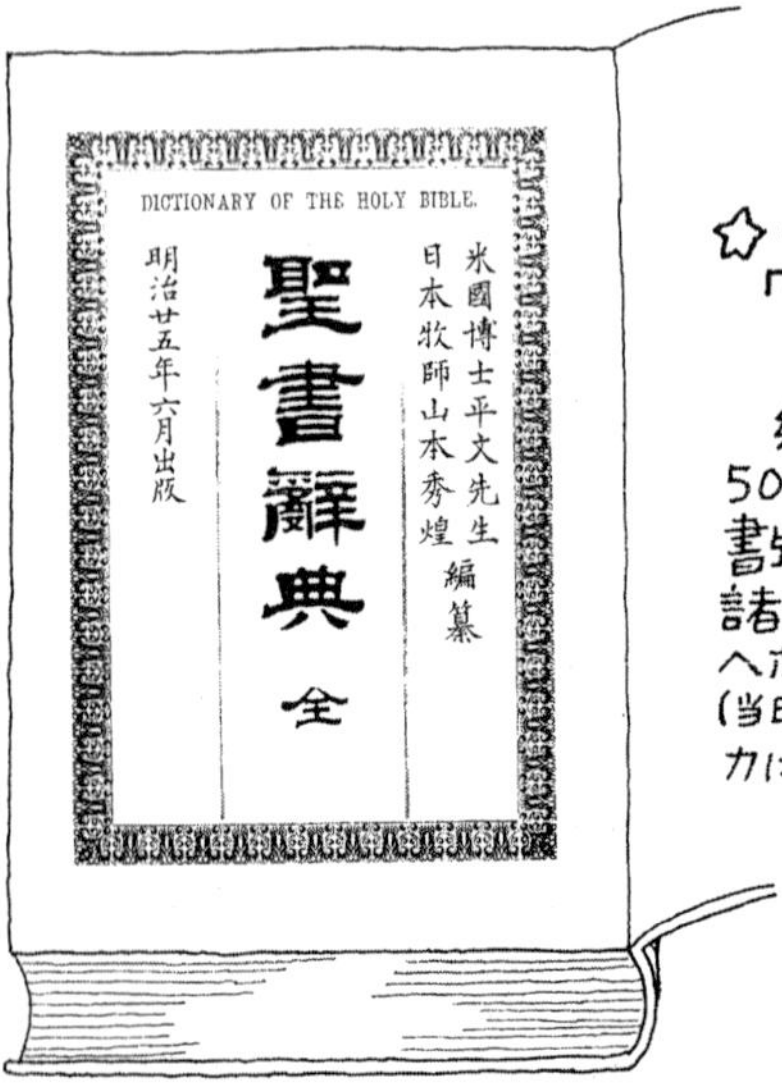
DICTIONARY OF THE HOLY BIBLE.
米國博士平文先生
日本牧師山本秀煌 編纂
聖書辭典 全
明治廿五年六月出版

☆ヘボン博士の「聖書辞典」1892年
約600ページの中に絵が50枚ほど入っている。巻末に聖書年表、聖書に記されている諸国の地図8枚が入っている。ヘボンが帰米する年、山本秀煌《ヒデテル》(当時、指路教会牧師)の協力によって出版された。

え、地域にとけ込んでいきました。教会員が二百名を超えると、最初に建てた木造家屋では人々が入りきらなくなりました。

横浜の人口はすでに十二万人を超え、ヘボンは「横浜はやがては非常に大きい重要な都市となる将来性がある」と考えていたため、火災の危険のないレンガ造りの大きな会堂を造る必要を覚えるようになりました。

さっそく、ミッション本部から八千ドルの交付金は確保しましたが、会堂建築にはその倍以上の資金が必要です。献金を募るために、ヘボンは一時帰国します。

このころになるとアメリカまで太平洋航路が開かれ、十六日間で

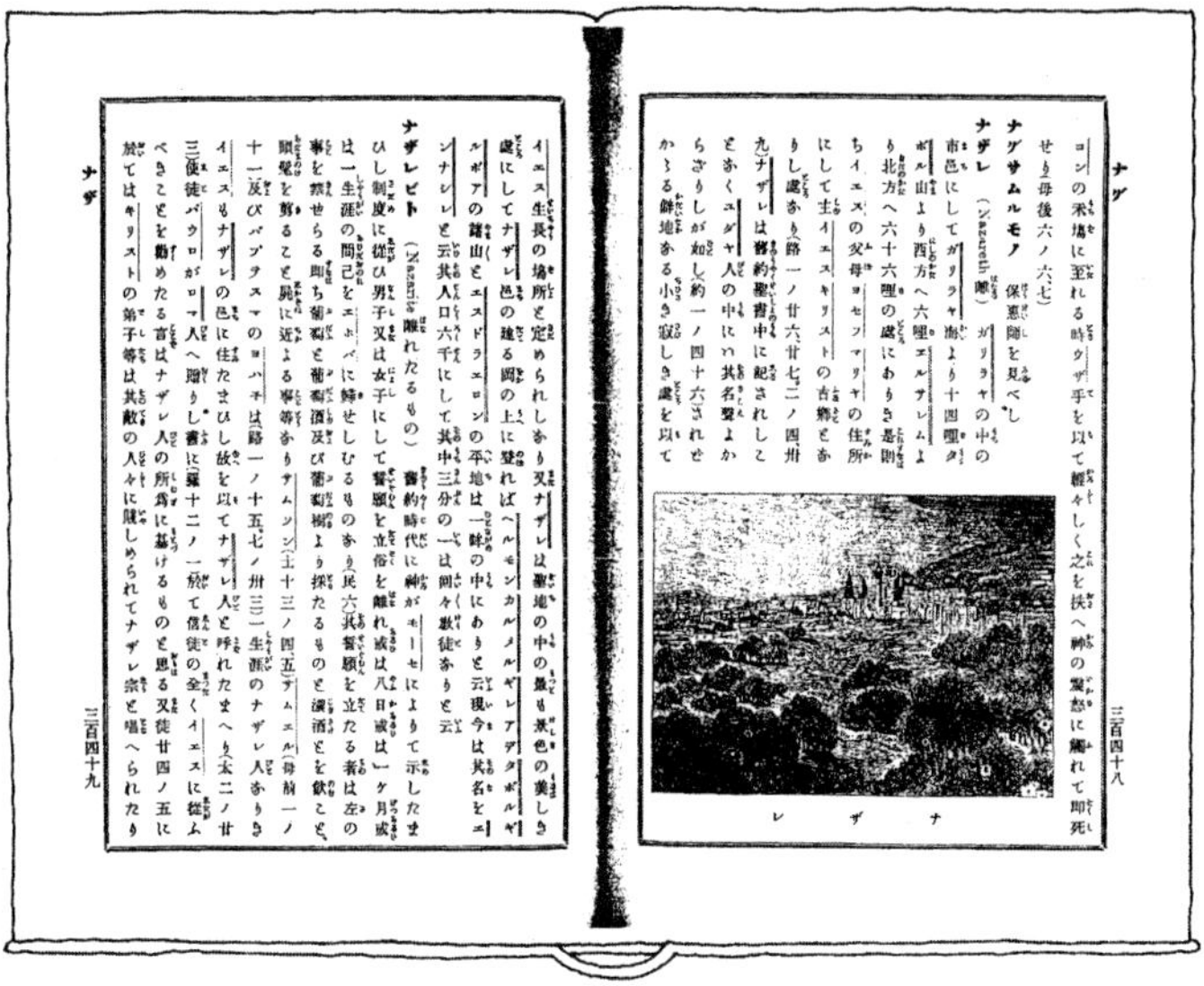
ナザ

コンの米場に至れる時ウザ手を以て轄々しく之を挟へ神の震怒に觸れて即死せり(サ母後六ノ六、七)

ナザサムルモノ　保惠師を見べし

ナザレ（Nazareth 郷）ガリラヤの中の市邑にしてガリラヤ海より十四里タボル山より西方へ六里エルサレムより北方へ六十六里の處にありき是則ちイエスの父母ヨセフマリヤの住所にして主イエスキリストの古郷となりし處なり(路一ノ廿六、廿七、二ノ四、卅九)ナザレは舊約聖書中に記されしことなくユダヤ人の中にれ其名聲よからざりしが如し(約一ノ四十六)されどかゝる僻地なる小さき寂しき處を以て

ナザレ

三百四十八

ナザ

イエス生長の場所と定められしなり又ナザレは僻地の中の最も景色の美しき處にしてナザレ邑の後る岡の上に登ればヘルモンカルメルギレアデタボルギルボアの諸山とエスドラエロンの平地は一眸の中にありと云現今は其名をエンナレレと云其人口六千にして其中三分の一は回々教徒なりと云

ナザレビト（Nazarite 離れたるもの）舊約時代に神がモーセによりて示したまひし制度に從ひ男子又は女子にして誓願を立俗を離れ或は八日或は一ヶ月或は一生涯の間己をエホバに歸せしむるものなり(民六)其誓願を立たる者は左の事を禁せらる即ち葡萄と葡萄酒及び葡萄樹より採たるものと濃酒とを飲こと、頭髪を剪ること屍に近よる事等なりサムソン(士十三ノ四、五)サムエル(撒前一ノ十一)及びバプテスマのヨハネは(路一ノ十五、七ノ卅三)一生涯のナザレ人なりきイエスもナザレの邑に住たまひし故を以てナザレ人と呼れたまへり(太二ノ廿三)使徒パウロがロマ人へ贈りし書に(羅十二ノ一)於て信徒の全くイエスに從ふべきことを勸めたる言はナザレ人の所爲に基けるものと思る又徒廿四ノ五に於てはキリストの弟子等は其敵の人々に賤しめられてナザレ宗と唱へられたり

三百四十九

行けるようになっていました。今では飛行機でひとっ飛びですが、ヘボン来日当時は大西洋から希望峰まわりで日本に着くまで何カ月もかかったのですから、隔世の感があります。

口べたのヘボンでしたが、教会建築のためにはアメリカ各地を精力的にまわり、募金活動を行いました。そんなヘボンに応えて、ニューヨーク医院開業時代の実業家の知人は、日本伝道に協力したいと必要な資金を全部出してくれたということです。

こうして集まった資金で尾上町へ土地を得ると、フランス人の建築家によってレンガ造りの堅牢で美しい大会堂ができあがりました。

名称を横浜第一長老公会から横浜指路教会に改めます。

シロとは「救い主」「平和の君」の意味があり、ヘボン夫妻の母教会がShiloh Churchだったため、そこから取られた名前です。

牧師はヘボン塾、ブラウン塾で学び、横浜バンドの一員でもある山本秀煌《ひでてる》でした。ヘボンは日本で最後の著作である絵入りの立派な『聖書辞典』を山本と共著の形で出版しています。

ヘボンはこの大会堂を自分やミッションのものとせず、すべて教会に与えました。これほど力を尽くし、完成を楽しみにしていた会堂ですが、献堂式の日にヘボンは両足の痛みに悩まされ、病床にあって出席できず、すっかりがっかりしてしまったそうです。

「わたしどもは、二人ともますます老境にすすんだということを感じております。二人ともびっこをひき、リューマチで悩んでいます。特に妻はひどく顔面神経痛とリューマチの苦痛に悩まされています。わたしは両脚ともかなりびっこをひき、苦しくてよく歩けません。」

ヘボンは七十七歳になっていました。日本に骨を埋めるつもりで墓地も買っておいたヘボンですが、クララには日本の冬が特につらかったらしく、妻のために帰国しようと決意します。

しかし、本心は日本を離れたくなかったらしく、「わたしどもの年になって、この地の住居を離れ、『ふるさとなき旅人』となって世の中に出て行くのは、ほんとうにつらいことです」と心情を吐露《とろ》しています。

別れのことば

私の旅路はチット永くなりました。

一八九二年十月、ヘボン夫妻の送別会が指路教会で行われ、ヘボン夫妻を惜しむ多くの日本人、外国人が出席しました。その席上、ヘボンは日本語でお別れのあいさつをします。それは高潔で誠意にあふれ、ヘボンの人柄そのままが現れているものでした。

「我が兄弟、我が姉妹、あなた方が今日この送別会を設けたまわりしをかたじけなく思います。私は日本へまいりまして、日本のうちで老年となりました。日本に居りましたは、実に日本人を益するためでござりました。それのみならず、私はイエス・キリストの僕でござりまして、この全世界はキリストの畑でござります。私はあなた方と同様に、すべて世界にあるところの信者と一緒にキリストの畑に働くべきものでござります」と、語りはじめました。

来日して三十三年、この時横浜にいた西洋人の中では一番老人になっていました。当時この教会の牧師であった山本秀煌によると、「ヘボン博士は日本語の研究はすぐれていたが、話し方は上手ではなかった」ようです。しかし、ヘボンの日本語は切々として心に染み入るものでした。

ヘボンはこれまでの道を振り返ります。アメリカで医学を学び、二十一歳から開業医として六年間働いたこと。その頃のアメリカは医者が多くなり、競わなければならない時代だったこと。アメリカは好きだったけれど、競うのが苦手だったようです。二十五歳でクララという伴侶を得て、ふたりで東洋宣教の夢を語り合った結果、

「私は医者の無い国へ往くが善いと思って、しかしてこの世界に多くの国があるが、医者のない国も多くある。本当に医術を知らぬ国が多くある。また独りの神、活ける神を知るところの国は少ない。私は神を知らぬ国、医者のない国へ往くことは善いと思いまして、心の中に我が主の命令と思い――」

それで、宣教医としてクララ夫人とともに中国で五年間働きましたが、ふたりともマラリヤに冒され、やむなくアメリカに帰りました。ニューヨークで開業医として十三年間治療を行い、腕もたしかで、人格も優れていたので評判を得、彼の病院はニューヨーク一の大病院になりました。

しかし、ヘボンの心は満たされることはなく、東洋宣教の思いは消えませんでした。そんな時、日本が開国したということを聞き、クララと相談し日本行きを決めたのです。

「日本の評判を聞きましたには、キリスト教を嫌い、イエスの信者を殺すとのことでございました。けれどもこの日本から、医者あるいは、イエス・キリストを愛する信者

の出来ることを願いましたから、私は早速この国へ来る約束をしました。」

当時、アメリカから日本へは、大西洋、インド洋を経て三ヵ月を要する苦しい旅でした。

ヘボン夫妻は日本へ上陸すると神奈川の成仏寺に三年間住み、それから横浜に移り住んで三十年になっていました。

ヘボンは一切無料で治療しましたので、今まで病院に行けなかった貧しい人々が全国から助けを求めてやって来ました。彼の施療は評判を呼び、日本中に名が知れわたりました。毎日百人が並んでいたといいます。施療を始めて十五年が経ち、西洋から上手な医者が来日し、東京に医学校も設けられました。彼自身も病気になり医者をやめることにし、日本人のために和英辞書の刊行と聖書の和訳に力を注ぐようになります。そして七十七歳になり年老いたことを自覚したヘボンは、病弱の妻のためにも帰国する決心をしたのです。

「『我は旅人、我が親達の如く宿れる者なり』と聖書にある。私はただ旅人、宿り人の生涯、あなた方も皆旅人でございます。この世の中に永く住む事は出来ませぬ。たしかに終りがまいります。神に依る旅人……神は我が父、父による旅人……誠に面白い言葉でございます。神に依らぬ旅人は艱難のみ、禍害のみである。私も艱難に度々逢いました。災難にもしばしば逢いましたといえども、我が父により……父と共に在るから、もう幸になりました。災難も我が喜びとなりました。……私の旅路はチット永くなりました。」

そして、兄弟姉妹のみなさん、この世の旅路を終えたら、父の国、天国で再び会い、互いに喜び合いましょうと結びました。

送別会は指路教会のほかに、明治学院での教職員や学生によるもの、日本人牧師たちによるもの、横浜在住の外国人によるもの、横浜在住の日本人医師によるもの、ユニオン・チャーチ会員によるもの、ヘボンが創設した東日本長老教会伝道部の全員によるものなど、数多く開かれました。新聞はヘボン夫妻の離日を報じました。

後ろ髪引かれる思いで住みなれた日本を後にしたヘボン夫妻は、十一月十日、サンフランシスコに到着しました。

暖かいカリフォルニア州のパサデナでその冬を過ごし、知人に会ったり長老教会の礼拝に出席したりしました。また、サンフランシスコやロスアンゼルス、その近郊の諸教会で講演をしたようです。日本での伝道のことを話したことでしょう。

十二月にミッションへあてた手紙でヘボンは、次のような心境を告白しています。

「わたしどもが日本を去るにあたり、内外人のすべての人々から別れを惜しまれ、感謝の意を表わして下さいましたが、わたしどもにとっては、かえって悲しみが増すばかりでした。あの横浜のきれいなホームと別れ、わたしどもの働きが終ったのを感じることは、身を切られるほどつらいことでした。むかしニューヨークのわが家を離れたときよりもずっとつらく感じました。当時は、わたくしどもはまだ若く、希望に満ちておりました。人生はわたしどもの前にひろがっておりました。キリストのために働く喜びがあったからです。しかし今は、終りに近づきました。わたしどもの戦いは終ったのです。」

春になって、クララの神経痛も少しよくなり、ヘボンの足の痛みも薄れてきました。夫妻は南太平洋鉄道でニューヨークへ向かいます。

イースト・オレンジの家

「バラの花咲く谷」へと鳴り響く九十六回の鐘の音。

ヘボンはニューヨーク郊外のイースト・オレンジ市に土地と家を買いました。イースト・オレンジの町は美しく、街路は広く舗装されて街路樹も植えてあり、町はずれには小高い丘がありました。散歩が趣味のヘボンは、ステッキをつきながら、ゆっくりゆっくり歩いたのではないでしょうか。

家から一マイル（約一・六キロ）ほどの所にローズ・デール（バラの花咲く谷）という美しい墓地があります。ここには、ニューヨーク時代に亡くした三人の幼子が眠っていました。きっとここも散歩コースに入っていたことでしょう。

☆イースト・オレンジの
ヘボン邸
ヘボン先生!
おおダルマさんようこそ。
ヘボン90歳
1905年(明治38)
日銀副総裁として
外債募集のため英米
歴訪中立ち寄った、
もとヘボン塾生の
高橋是清。
(あだ名はダルマ)

■この家には井深梶之助(明治学院総理)
毛利官治(指路教会牧師)海老名弾正な
ど多くの日本人が訪れた。

この町にはブリック・チャーチという古い教会があります。ヘボンはこの教会の長老に選ばれました。

*

夫妻は日本からの便りをとても喜びました。特に横浜には三十三年間住み続け、その発展をつぶさに見てきていますし、友人も多くいます。

「わたしどもの心はしばしば横浜や指路教会や、わたしどもが残していった多くの親切な友人がたや……さらに主の御用のため、わたしどもが三十三年間の最もよい、最も幸いな生活を送ってきたなつかしい御地に思いを馳せるのです。」

ヘボンにとっては愛する日本の国が今後どのような道を進むのか、日本におけるキリスト教会は順調に歩んでいるのだろうかと心配だったに違いありません。

献金の郵便為替とともに出す日本への手紙には、指路教会の活動ぶりや旧友たちの様子を知らせてほしいと書かれました。いつまでもわが子の成長を心配する親のような心境だったのかもしれません。

時にはニューヨークに出かけ、ノックス・インブリー、ジョン・バラなど日本で共に働いた宣教師たちと会いました。

イースト・オレンジの家には、夫妻をなつかしんで、多くの日本人の牧師や教え子が外遊の折りに立ち寄り、旧交をあたためました。

一九〇五年、ヘボンの九十歳の誕生日に、日本政府は勲三等旭日章《きょくじつしょう》を贈り、日本の文化に尽くした功績をたたえました。

次の年の三月、入院中だったクララは病気が重くなり、八十八歳で天に召されました。知らせが日本に届くと、指路教会では追悼会が行われました。信仰あつく優しかった夫人を偲んで多くの人が参列し、讃美歌を歌い、クララの愛唱聖句の詩篇九〇篇を朗読しました。

ひかえめで献身的だったクララ。ヘボンにとっては、共にこの世の荒波を乗り越え、喜びと悲しみを分かち合い、支え合ってきた同志でした。

ヘボンは日本を去る時、あいさつの中で次のように語っています。

「たとえどんなに優れた同労者といえども、私の妻以上にはできなかったでしょう。私はいつも神に『よい妻を与えて下さい』と祈っていましたが、私の祈りは身に余るほど聞き入れられました。」

ヘボンは使用人と二人だけの寂しい生活になってしまいました。このころのヘボンの唯一の心の慰めは、ヘブル人への手紙一二章だったといいます。自分の一生を振り返って、ヘボンは言っています。

「まことに聖書は、私の人生における最も大いなる喜びでありました。」

＊

指路教会の毛利官治牧師に送った絶筆と思われる手紙は、震える手で書いたと思われる次の一文でした。

「御親切にお送り下さったお手紙と指路教会の写真とを受け取りました。日本人のために、わたしのいたしました働きの中でも、あの教会を建てたことが、一番大切で有益なものでありました。救いの福音が公然と説かれるからです。わたしは、あなたが会堂の修繕につくされたことを、喜んでいる次第です。あの教会が、今後長く、日本の伝道のために有力な一つの力となって行くことを祈って止みません。どうぞ、わたしの悪筆をお許し下さい。わたしは、今では九十六才となり、すっかり老人になって弱ってしまいました。けれども、短い距離の散歩ぐらいはできます。教会の長老と教会員御一同に何卒よろしくお伝え下さい。」

聖書を愛し、日本を愛した主の誠実な僕ヘボンは、一九一一年（明治四十四年）九月二十一日午前五時、この世での長い旅を終え、神の国へ召されました。九十六歳でした。同日同時刻、遠く離れた日本では明治学院のヘボン館が原因不明の出火で炎上しました。偶然の一致にしては不思議な出来事で、「ヘボン館は清き献げものとして、天に捧げられたのだ」と言う人たちもいて、なつかしいヘボンの顔を思いつつ、焼け跡で祈りの時がもたれたそうです。

告別式はブリック・チャーチで行われました。日本大使館や長老派外国伝道協会の人々や知人など、三百名ほどの会葬者がありました。

ブリック・チャーチでは古くからの習慣で、葬列が教会からローズ・デールに進む間、亡くなった人の年の数だけ鐘を鳴らします。この日、鐘の音はイースト・オレンジの空に九十六回鳴り響きました。

ヘボン博士を偲んで、指路教会と明治学院では追悼会を行いました。

ヘボンは今、ローズ・デール、「バラの花咲く谷」で、愛する妻クララと三人の幼子たちとともにキリストの愛に抱かれ、やすらかに眠っています。

James Curtis Hepburn
Born March 13, 1815.
Died Sept 21, 1911.
Clara M. Leete,
His Wife
Born July 26, 1818.
Died March 4, 1906.
HEPBURN

☆ローズデールのヘボン家のお墓
日本風の墓石が印象的。ヘボン、クララ、幼子3人が眠る。近くには奥野武之助の墓石があり、少しはなれた所に弟スレーターの墓石がある。

ヘボン年表

年	ヘボン関係事項	時代背景
一八一五年	三月一三日、アメリカ、ペンシルバニア州ミルトンに誕生。	
一八三一年	一六歳。プリンストン大学に、三年から編入。	
一八三二年	一七歳。プリンストン大学を卒業し、ペンシルバニア大学の医科に入学。	
一八三四年	一九歳。信仰の覚醒を体験。ミルトンの長老教会の会員となる。	
一八三六年	二一歳。ペンシルバニア大学を卒業。医学博士の学位取得。	
一八三七年		ギュツラフ訳の「約翰福音之伝」出版。七名の日本人漂流者、モリソン号に乗せられて江戸に帰るが、追い払われる。
一八三八年	二三歳。ペンシルバニア州のノリスタウンで医師として開業。	
一八四〇年	二五歳。一〇月二七日、クララ・メリー・リートと結婚。	中国で阿片戦争勃発。
一八四一年	二六歳。医療宣教師として、クララ夫人とともにボ	

	ストンから出航し、東洋に向かう。マカオでS・R・ブラウンと出会い、以後長きにわたる友情が始まる。	
一八四三年	二八歳。シンガポールから、中国のアモイに向かう。	
一八四四年	二九歳。四月に、子息サムエル・デビッド・ヘボン誕生。	
一八四五年	三〇歳。帰米。	
一八四六年	三一歳。ニューヨークで医師として開業。一三年続いた病院は好評を得る。この間、三人の子どもが、それぞれ五歳、二歳、一歳の時に病死。	
一八五三年		ペリーの黒船艦隊、浦賀に入港。
一八五四年		日米和親条約締結。
一八五六年		タウンゼント・ハリス、アメリカ総領事として下田に上陸。
一八五八年		日米修好通商条約締結。安政の大獄。
一八五九年	四四歳。ニューヨークを出航し、再び東洋へ。上海を経由し、十月一八日、神奈川に上陸し、成仏寺本堂に住み始める。同寺の庫裡にはブラウンが住み始める。	神奈川、長崎、函館の三港が開港。 フルベッキ来日。 S・R・ブラウンとシモンズ来日。

一八六〇年	四五歳。函館を視察。	桜田門外の変。ヒュースケン（ハリスの通訳者）暗殺。アメリカで南北戦争勃発。遣米使節団渡米。
一八六一年	四六歳。神奈川宗興寺に施療所を開設。クララ夫人、一時帰米。	バラ夫妻、成仏寺に住み始める。
一八六二年	四七歳。生麦事件の被害者二名を本覚寺（当時のアメリカ領事館）にて治療。一二月末、横浜居留地三九番に新居を建てる。	生麦事件。
一八六三年	四八歳。夫人クララ、アメリカより帰り、英学塾を始める。	タムソン来日。アメリカで奴隷解放令発布。
一八六五年	五〇歳。横浜建設委員の一人に選出される。バラ師より病床洗礼を受ける矢野隆山の信仰諮問に当たる。	福沢諭吉が慶応義塾を設立。南北戦争終結。リンカーン大統領暗殺。
一八六七年	五二歳。ヘボン編訳の『和英語林集成』が出版される。歌舞伎役者沢村田之助に足の切断手術を施す。	明治天皇即位。大政奉還。
一九六八年		明治維新。
一九七〇年		フェリス女学校、メアリー・エディ・キダーによって創立。
一八七一年	五六歳。上海にて『和英語林集成』第二版を印刷。	岩倉具視を大使とする一行、欧米を視察。プライン、クロスビー、ピアソン来日。

一八七二年	五七歳。ヘボン、ブラウン、奥野昌綱共訳の「馬可伝福音書」「約翰伝福音書」出版。ヘボン、奥野共訳の『三要文』出版。	太陽歴を採用。S・R・ブラウンを議長とする宣教師会議が開かれる。
一八七三年	五八歳。ヘボン訳の「馬太伝福音書」出版。	キリシタン禁制の高札撤去。
一八七四年	五九歳。ヘボン、ブラウンらが中心となり、聖書翻訳委員社中結成。ヘボン訳『十字架のものがたり』出版。	
一八七六年	六一歳。居留地三九番館の施療所を閉鎖し、家はジョン・バラに譲る。夫妻は山手に移る。	札幌農学校設立。クラーク博士来日。
一八七八年	六三歳。教会の籍をニューヨークの長老教会から、横浜住吉町の教会に移す。	大久保利道暗殺。
一八八〇年	六五歳。新約聖書翻訳完成。	S・R・ブラウン召天。
一八八一年	六六歳。静養のため、一年の予定でヨーロッパへ。	
一八八二年	六七歳。横浜に帰り、山手に家を借りる。旧約聖書翻訳委員会の委員長となる。	
一八八三年		横浜の新年初週祈祷会からリバイバルが起こり、全国的に広がる。
一八八六年	七一歳。『和英語林集成』第三版の版権を丸善書店に譲り、その代金で明治学院にヘボン館を寄付。	

一八八七年	七二歳。旧約聖書翻訳完成。	
一八八九年	七四歳。山本秀煌とともに『聖書辞典』』の編集を始める。指路教会の建築費のための献金を募るため、夫妻で渡米。この間に明治学院初代総理に推される。	帝国憲法発布。森有礼暗殺。
一八九二年	七七歳。指路教会献堂式。『聖書辞典』出版。指路教会にて送別会。一〇月二二日、三三年にわたる日本での生活に別れを告げ、夫妻帰国。	
一八九三年	七八歳。カリフォルニア州パサデナでの静養を終え、五月、ニュージャージー州イースト・オレンジに移る。	
一八九四年		日清戦争勃発。
一九〇四年		日露戦争勃発。
一九〇五年	九〇歳。誕生日に、日本政府より勲三等旭日章を授与される。	日本ＹＭＣＡ設立。
一九〇六年	九一歳。クララ夫人が八八歳で天に召される。	
一九一一年	九六歳。九月二一日午前五時、召天。同日同時刻、明治学院ヘボン館、焼失。	

参考文献

『ヘボン書簡集』
高谷道男・編訳　岩波書店
『ヘボンの手紙』
高谷道男・編訳　有隣新書
『ヘボン』
高谷道男著　吉川弘文館
『ヘボン—同時代人の見た—』
W・E・グリフィス佐々木晃・訳　教文館
『ヘボンの生涯と日本語』
望月洋子　新潮選書
『ヘボン博士のカクテル・パーティ』
内藤誠　講談社
『フルベッキ書簡集』
高谷道男・編訳　新教出版社
『S・R・ブラウン書簡集』
高谷道男・編訳　日本基督教団出版局
『われに百の命あらば』
W・E・グリフィス　渡辺省三・訳
キリスト新聞社
『キダー書簡集』
フェリス女学院・編訳　教文館
『外人墓地に眠る人びと』
太田愛人　キリスト新聞社
『日本文明の父・ヘボン博士』
関根文之助　香柏書房
『図説キリスト教史』
園部不二夫　創元社
『世界キリスト教史物語』
R・H・ベイントン　気賀重躬、気賀建生・訳
教文館
『教会史入門』
曽根暁彦　日本基督教団出版局
『明治初期神戸伝道とD・C・グリーン』
茂義樹　新教出版社
『日本キリスト教社会経済史研究』
工藤英一　新教出版社
『ジョナサン・ゴーブル研究』
川島第二郎　新教出版社
『聖書辞典』
ヘボン、山本秀煌・編　ノーベル書房復刻版

『約翰傳』
日本横浜印行北英国聖書会社
『植村正久と其の時代』
佐波亘　教文館
『ルター』
小牧治、泉谷周三郎・共著　清水書院
『明治期基督者の精神と現代』
加藤正夫　近代文芸社
『横浜バンド史話』
高谷道男(聞き手・太田愛人)　築地書館
『横浜もののはじめ考』
横浜資料館
『横浜開港資料館総合案内』
横浜開港資料普及協会
『横浜のあゆみ』
横浜開港資料普及協会
『山手資料館展示目録』
山手資料館
『図説・キリスト教文化史』
横浜プロテスタント史研究会・編　有隣堂
『明治人物拾遺物語』
秋山繁雄　新教出版社
『サムライと横文字』
惣郷正明　ブリタニカ出版
『指路教会百年の歩み』
日本基督教団　横浜指路教会
『あゆみ』
フェリス女学院資料室
『ふぇりす』
フェリス女学院中学校・高等学校
『フェリス白菊会の歴史』
白菊会　フェリス女学院高等学校同窓会
『横浜共立学園120年の歩み』
横浜共立学園
『横浜共立学園の一二〇年』
横浜共立学園
『明治学院百年史』
明治学院
『目で見る明治学院100年』
明治学院
『真理と自由を求めて―明治学院120年の歩み―』
明治学院
『スーパー日本史』
古川清行　講談社

『日本の〈創造力〉①御一新の光と影』
NHK出版
『日本の〈創造力〉⑮貢献した外国人たち』
NHK出版
『歴史への招待⑮』
日本放送出版協会
『幕末の群像特選日本の歴史11』
世界文化社
『維新と開化特選日本の歴史12』
世界文化社
『日本の歴史・開国』
芝原拓　小学館
『現代の日本史』
鳥海靖、野呂肖生、三谷博、渡辺昭夫・共著
山川出版社
『ペルリ提督・日本遠征記』
土屋喬雄、玉城肇・訳　岩波文庫
『ハリス・日本滞在記』
坂田精一・訳　岩波文庫
『オールコック・大君の都』
山口光朔・訳　岩波文庫
『ヒュースケン・日本日記』
青木枝朗・訳　岩波文庫
『アーネスト・サトウ一外交官の見た明治維新』
坂田精一・訳　岩波文庫
『幕末日本探訪記』
ロバート・フォーチュン三宅馨・訳
講談社学術文庫
『ビゴー日本素描集』
清水勲・編　岩波文庫
『海舟座談』
厳元善治・編　岩波文庫
『福翁自伝』
福沢諭吉　岩波文庫
『劉生日記』
岸田劉生　岩波文庫
『幕末維新懐古談』
高村光雲　岩波文庫
『雨夜譚』
渋沢栄一　岩波文庫
『幕末維新人物事典』
泉秀樹　講談社

あとがき

横浜は教会やミッション・スクールが多く、外国人墓地も有名です。はじめ、編集部からの依頼は、プロテスタント・キリスト教開教の地・横浜をテーマに、イラストと書き文字で本を一冊つくりたいというものでした。

「ヘボンの足跡をたどるのもいいかもしれませんね」と編集部。

「ヘボンてどなたですか」と私。

「ヘボン式ローマ字の――。」

ヘボン式ローマ字の「ヘボン」が人の名前だったんだと、今回初めて知りました。まずはヘボン博士という人を知らなくちゃと、編集部から『ヘボン書簡集』『ヘボンの手紙』を借りて読み始め、こんな素晴らしい人物が幕末に来日して、日本と日本人に尽くしてくれていたんだと驚きました。翻訳された高谷道男先生のヘボン博士に対する深い想いが行間からあたたかく感じられると思っていたら、高谷先生はヘボン研究の第一人者だとあとで知りました。

ヘボン関係の本を読み進むうちに「ヘボンその人」をみんなに知ってもらいたいとの思いが強くなり、一介の絵描きにすぎない私が、慣れない文章を書くはめになりました。

本文にあるようにヘボン博士は医者ですが、それだけにとどまらず、国語辞書の編纂、聖書の翻訳、ミッション・スクールの創設、教会設立などを成し遂げました。どんなにエネルギッシュな人だったのだろうと思ってしまいます。しかし、ヘボンは自分の性格が引っ込み思案で社交性に欠け、体力的にも弱いことを認め、

「わたしは、ただ地味な努力家に過ぎず、ごくあたり前な人間です。もし何かの故に人に認められたならば、それは私が勤勉であり、忍耐があったからでしょう。とりえは一途で、ただ一つの目標に向かって働いたということぐらいでしょう」

と、謙遜しています。

当時ヘボン博士と交流のあった方々には、どのように映っていたのでしょう。

「ペリーやハリスの締結した条約がもっぱら日本の支配者の恐怖心を利用してかちとられたものであるのに対し、ヘボンはひたすら日本人民に知識の門戸を開き、彼らをいつのまにか文明の恩恵に浴させたということであった。」（J・R・ブラック、日本新聞界の先覚者）

「当時横浜に勤務していた日本政府の地方官吏は『税関の役人』と呼ばれていましたが、彼らが集まって話題が居留地や居留民のことに及ぶと、必ずヘボン博士が話題に上り、『君子』と呼ばれました。それは人格が卓越していることを意味する呼び方だったのです。」（林董・外務大臣）

「ヘボン博士は善良そのものの人で、開業医としていくらでも稼ぐことが出来るのに、掘り割り沿いの粗末な家で、わずかな給料で生活をしておられる。」（横浜居留地の有力

者）

ひとり息子のサムエルは父を次のように見ていたようです。

「父の人生の唯一の目標はキリスト教でした。父のすべての行動はこのただ一つの目標に向けて集中されました。私の印象では、控え目な性格で、社交的な生活を好まず、学問と宗教以外のことには関心がなかったようです。」

また、「日本文明の父」「国民の友」とも呼ばれ、幕末明治期の日本人にいかに慕われていたかがよくわかります。

私のように未熟な者が「ヘボン」という大きな存在を取り上げるのは、ただ恥じいるばかりです。もし思い違いなどがありましたら教えていただき、みなさまのご批評ご批判をいただければ幸いです。

最後になりましたが、示唆とともに暖かく励ましてくださいました明治学院の中山弘正教授、もう絶版になり手に入らなくなったヘボン関係の本を貸してくださった宮本義治牧師先生、横浜共立学園の清水貞吾先生、フェリス女学院の資料室の方々、編集部の鴻海誠編集長はじめ皆さまに心からの感謝をし、お礼を申し上げます。

杉田幸子

新版に寄せて

この本は大人はもとより、中高生にも読んでもらいたいと思って書いたものでしたが、なんと、横浜の小学校では四年生がこの本を題材に一ヵ月以上もヘボンについて学習をしたと聞き、驚喜しました。

また、ヘボンの生き方に感化され、ネパールで三十年以上も聖書翻訳の働きをされている鳥羽季義氏をはじめ、日本人聖書翻訳者が五十人以上も世界に出て行き、活動していることも知りました。

読んでくださった方のお便りの中には、

「読み進むうち、しばしば目頭が熱くなる思いでした。」

「映画になったらすばらしいです。」

「本を持って、ヘボン先生をたずねて横浜へ行って来ました。」

という声もあり、うれしくなりました。中でも胸が熱くなったのは、

「誰よりも、何よりも、イエスさまがヘボン先生とともに喜んでいますよ。」という一文でした。感謝。

杉田幸子

杉田幸子（すぎたさちこ）

子どもや動植物、自然を題材として絵本、版画、
カレンダー、カード類、教科書の絵などを手がけた。
日本国際児童図書評議会会員、
日本児童出版美術家連盟会員、童画芸術協力委員、
東京、京都、神戸、岡山、山梨、盛岡にて個展開催。
TV ライフ・ラインに出演。
絵本『かみのこひつじイエスさま』（サンパウロ）
『のはらのひつじかい』『おおおとこをたおしたダビデ』（いのちのことば社）
『みんなの聖書・絵本シリーズ／新約聖書 18 巻』（日本聖書協会）他。
盛岡市出身。2012 年帰天。

著者の希望により、本書の印税は
聖書翻訳事業（日本ウィクリフ聖書翻訳協会）
のために献げられます。

ヘボン博士の愛した日本

1999 年 2 月 20 日発行（旧題 横浜のヘボン先生）
2006 年 3 月 20 日改訂新版発行
2017 年 3 月 1 日オンデマンド版発行

著者 杉田幸子

印刷 株式会社イシダ印刷
発行　いのちのことば社フォレスブックス
〒 164-0001 東京都中野区中野 2-1-5
編集　Tel.03-5341-6924 Fax.03-5341-6932
営業　Tel.03-5341-6920 Fax.03-5341-6921

乱丁落丁はお取り替えします。
ⓒ杉田幸子 2006 Printed in Japan
ISBN978-4-264-03556-5 C0016
本書は、改訂新版第 1 刷を底本にオンデマンド印刷したものです